KAWADE
夢文庫

日本人のための

朝鮮半島の歴史

国際時事アナリスツ［編］

河出書房新社

不可解な隣人たちの、まずは歴史から理解する——まえがき

韓国と北朝鮮の動向が連日ニュースや新聞を賑わせているが、日本人には、この2国の思考や行動が、いまひとつ理解できないことが多い。それは日本人が、朝鮮半島の歴史に疎《うと》いことと無関係ではない。歴史を知らずして、その地の人々の思考や行動を理解することは困難だ。

とはいえ、朝鮮半島の王朝名くらいなら知っている人もいるだろう。古代の高句《こうく》麗《り》、百済《くだら》、新羅《しらぎ》による三国時代のあと、統一新羅がおよそ2世紀半、このあと後三国時代を経て、高麗《こうらい》がおよそ500年弱、そして李氏《りし》朝鮮がおよそ500年余りつづく。李氏朝鮮は大韓帝国に衣替えしたのち終焉《しゅうえん》、およそ30年余りの日本統治、3年ほどのアメリカ、ソ連統治時代を経て、いまの韓国、北朝鮮の現在に至る。

王朝興亡史だけなら、日本史や中国史よりもずっとシンプルなのに、朝鮮半島史がややこしいのは、東アジア史の激動の陰画（ネガ）となっているからだ。朝鮮半島は、周囲を大国、強国で囲まれている。東の中国から、つねに強大な圧力が加わるだけではない。地続きの北方国境である満洲が、大きな脅威となりつづけてきたのだ。満洲は、いまの中国東北部、ロシアの沿海州をひっくるめた土地だ。ここに

はかつて中国王朝の力が及びにくく、独立した強国が育ちやすかった。あるいは、大国の版図《はんと》にもなった。17世紀に中国大陸を制覇した清帝国の出自も満洲であり、彼らの皇帝は満洲族だ。

中国王朝と満洲の勢力は、対立しやすい。いまも満洲の一部・沿海州には、ロシアがある。さらに海の東の日本も、ときに絡んでくる。19世以降は、英米をはじめとする欧米勢力まで割り込んできた。朝鮮半島こそは、大国の抗争、パワーゲームのマグマが噴出する地であった。そのため、じつに困難にして複雑な歴史をたどってきたのだ。

朝鮮半島の歴史は、日本史の陰画でもある。日本の政権が朝鮮半島で失敗すれば、それは国内での戦乱、政権交代にもつながる。古くは中大兄皇子《なかのおおえのおうじ》（天智天皇）の主導した朝鮮半島・白村江《はくすきのえ》の敗戦が壬申《じんしん》の乱の遠因となり、豊臣秀吉軍の朝鮮半島侵攻は豊臣政権を崩壊させた。明治の征韓論争は、結果的に西郷隆盛の西南戦争を招いてしまっている。

朝鮮半島の動向は、日本にとっては他人事ではなく、日本の未来を左右する火薬庫にもなっている。いまこそ〝日本人のための朝鮮半島の歴史〟が必要なのだ。

国際時事アナリスツ

日本人のための朝鮮半島の歴史／目次

序章
朝鮮半島の命運を握る東西南北の勢力とは？

なぜ朝鮮半島の歴史は、強国の角逐の歴史と重なるのか？ 14
西の大国 朝鮮半島の命運を、もっとも強く握ってきた中国大陸王朝 18
北の強国 キタイ、ジュルチン、モンゴル、ソ連とつづく北辺の軍事強国 19
東の海国 ときとして朝鮮半島に深く関わってくる日本 22
南の欧米勢力 朝鮮半島の力のゲームに加わった新たなプレイヤー 23

1章
古代・三国期
なぜ「日本」の国号誕生は新羅の半島統一と同時期なのか？

楽浪郡 なぜ漢帝国の誕生が、朝鮮半島のミニ国家と結びついたのか？ 25
高句麗 満洲南部に勃興した勢力が、強盛となった理由 28

長寿王の平壌遷都　なぜ高句麗は、朝鮮半島王朝化を目指したのか？　30
新羅と百済　なぜ倭国の軍勢が侵攻してきたのか？　33
朝貢外交　なぜ朝鮮半島国家は、弱体化した中国王朝に権威を求めたのか？　36
隋帝国対高句麗　中国王朝をも吹き飛ばす、朝鮮半島での失敗とは？　37
640年代のクーデター連鎖　朝鮮半島と日本で、宮廷流血劇がつづいた理由　40
百済滅亡　なぜ新羅は唐帝国と密着、年号まで唐と同じにしたのか？　42
白村江の戦い　朝鮮半島を戦場にしてぶつかった日中最初の戦い　44
高句麗滅亡　なぜ新羅は、唐と戦わねばならなくなったのか？　46

2章 統一新羅・渤海期 なぜ渤海は、日本と結んだのか？

二重外交　なぜ統一新羅は、一時的に日本に対して接近したのか？　49
渤海　満洲南部に登場した新勢力は、高句麗とどうつながっている？　50
渤海使　なぜ渤海は、日本と結んだのか？　53
唐の平和　唐帝国の圧倒的な時代に、なぜ新羅は領土の拡大に成功したのか？　54
張保皐　東アジアに海運の時代を拓いた商人とは？　55
後三国時代　新羅の衰亡を決定的にした朝鮮半島の戦国化　56

3章 高麗建国・動乱期 なぜ北方遊牧民族の時代に、新羅・渤海は滅んだのか？

キタイの挑戦 満洲に出現した遊牧民族国家は、東アジア秩序の破壊者だった 58
渤海滅亡 キタイの侵攻の前に、朝鮮半島の北辺の安定が完全に失われた 61
王建 渤海の遺民をとり込み、朝鮮半島統一に成功した男 62
科挙 なぜ高麗は、エリート養成システムを確立させたのか？ 64
キタイの脅迫 なぜ高麗は、親宋と親キタイの間で揺れ動いたのか？ 65
高麗の屈伏 なぜ遼軍を破りながらも、遼への臣従を選んだのか？ 68
ジュルチン なぜ新たな敵への臣従が屈辱となったのか？ 71

4章 高麗服従期 なぜ高麗は、モンゴルの日本侵攻に積極的に加担したのか？

武臣政権 東アジアの武人の時代に現れた、高麗の新勢力 74

モンゴル帝国　なぜ世界最強の帝国は、朝鮮半島に目をつけたのか?　77
江華島遷都　なぜモンゴル帝国は、たびたび朝鮮半島に侵攻してきたのか?　79
モンゴルへの臣従　なぜ高麗は、江華島を捨てて屈伏を選んだのか?　82
忠烈王　なぜ積極的にモンゴル帝国の宮廷入りを図ったのか?　83
三別抄　なぜモンゴル帝国への抵抗運動は、終わりを告げたのか?　86
第1次日本侵攻　なぜ高麗は、モンゴル帝国の日本襲撃の先鋒となったのか?　88
第2次日本侵攻　なぜ忠烈王は、日本征服に積極的だったのか?　91
貢女　なぜ高麗は、モンゴルへ女性を差し出さねばならなかったのか?　93
倭寇　なぜ最初に朝鮮半島を襲うようになったのか?　95

5章 李朝危機期 なぜ李朝は、秀吉や後金の侵攻で崩壊しなかったのか?

威化島回軍　なぜ李成桂は、高麗へのクーデターを決意したのか?　98
国号「朝鮮」　なぜ李成桂は、国号の選択を明の洪武帝に求めたのか?　101
訓民正音　なぜ世宗は、ハングルを創造したのか?　103
朱子学　なぜ李氏朝鮮は、朱子学国家となったのか?　106
仏教弾圧　なぜ李氏朝鮮では、仏教が排撃されたのか?　109

両班支配 なぜ圧倒的な存在になっていったのか? 110
対馬侵攻 なぜ世宗の時代に対馬を襲ったのか? 112
党争 なぜ両班同士の派閥抗争がはじまったのか? 113
豊臣秀吉 なぜ朝鮮通信使の報告は無視されたのか? 115
日明対決 なぜ李氏朝鮮で、明帝国の評価が高いのか? 118
徳川家康 なぜ李氏朝鮮は、日本との国交を回復させたのか? 121
光海君 なぜ李氏朝鮮は、勃興するジュルチンの侵攻を許したのか? 123
三田渡の降伏 なぜ清のホンタイジは、仁祖に屈辱的な仕打ちをしたのか? 126
清帝国の中国大陸制覇 清帝国の平和に組み入れられた朝鮮半島 128
小中華思想 なぜ李朝の内部で、反清思想が高まったのか? 131
キリスト教の浸透 なぜキリスト教は、中国大陸経由でもたらされたのか? 134

6章 なぜ李朝は、近代化が遅れ、列強の餌食になったのか?

李朝衰亡・大韓帝国期

シャーマン号事件 なぜその勝利が、李朝の判断を誤らせる結果となったのか? 136
日朝修好条規 なぜ李氏朝鮮は、日本相手の開国を決断したのか? 139
甲申事変 なぜ金玉均の近代化政策は、挫折したのか? 142

7章

日・米ソ統治期

なぜ朝鮮戦争は、半島統一の戦いから変質していったのか？

巨文島占拠 なぜイギリスは突如、半島の南の小島に拠点を構えたか？ 145

日清戦争 朝鮮半島のあり方を巡って、日中が朝鮮半島で軍事衝突 146

露館播遷 なぜ日清戦争後、日本ではなくロシアの影響力が高まったのか？ 149

大韓帝国の成立 なぜ清の反対は、無視されたのか？ 151

日露戦争 なぜ日本は、朝鮮半島を巡って大国との戦争を決意したのか？ 153

ハーグ密使事件 なぜ大韓民国は、列強に訴え、無視されたのか？ 155

安重根 なぜ伊藤博文を暗殺したテロリストが、英雄視されるのか？ 157

韓国併合 新羅統一以来、初めて異国の完全統治下に置かれた朝鮮半島 158

三・一運動 現代韓国が大衆デモ国家となった淵源 161

上海臨時政府 なぜ現代の韓国は、ここにルーツを求めたがるのか？ 163

日本の敗戦 なぜ朝鮮人民共和国は、米ソに潰されたのか？ 165

金日成 なぜ、いち早く北朝鮮の指導者になりはじめたのか？ 167

南北分断 なぜ朝鮮半島は、ふたつに割れてしまったのか？ 169

毛沢東 なぜ北朝鮮は、共産中国を恐れないのか？ 171

朝鮮戦争　なぜスターリンは、金日成の〝賭け〟を許したのか？　173
仁川上陸　なぜ毛沢東は、朝鮮戦争への参戦を決意したのか？　176
休戦　なぜスターリンは、頑として停戦に反対したのか？　178

8章 南北分断期 なぜ北朝鮮は、韓国に優越感をもちつづけるのか？

8月宗派事件　なぜソ連の傀儡だった金日成は、脱ソ連を達成できたのか？　180
天秤外交　なぜソ連も中国も、金日成以来の二股外交を許しているのか？　183
竹島　なぜ李承晩は、日本から奪い取ったのか？　184
四月革命　なぜ李承晩政権は、大規模デモによって倒れたのか？　187
朴正煕　なぜクーデター政権は、北朝鮮経済に挑戦をはじめたのか？　189
日韓基本条約　なぜ「漢江の奇跡」に必要だったのか？　191
南北の経済逆転　なぜ北朝鮮経済は、失速していったか？　194
主体思想　なぜ主体思想の確立と金正日による世襲は、同時進行だったか？　196
朴正煕暗殺　なぜ韓国の民主化は、簡単に実現しなかったのか？　199
全斗煥　なぜ民主化時代の大統領は〝民主の敵〟扱いされているのか？　202
テロ国家　なぜ北朝鮮は、対韓テロをはじめたのか？　205

プエブロ号事件　なぜ北朝鮮は、アメリカを恐れないのか？　207
核ミサイル開発　なぜ金正日は、北朝鮮の核武装を追い求めはじめたか？　209
従軍慰安婦問題　なぜ韓国は、日本に何度も謝罪を求めるのか？　213
韓国の左傾　なぜ北朝鮮主導による統一がありうるのか？　216

カバーデザイン●こやまたかこ
巻頭年表作製●アルファヴィル
地図版作製●新井トレス研究所

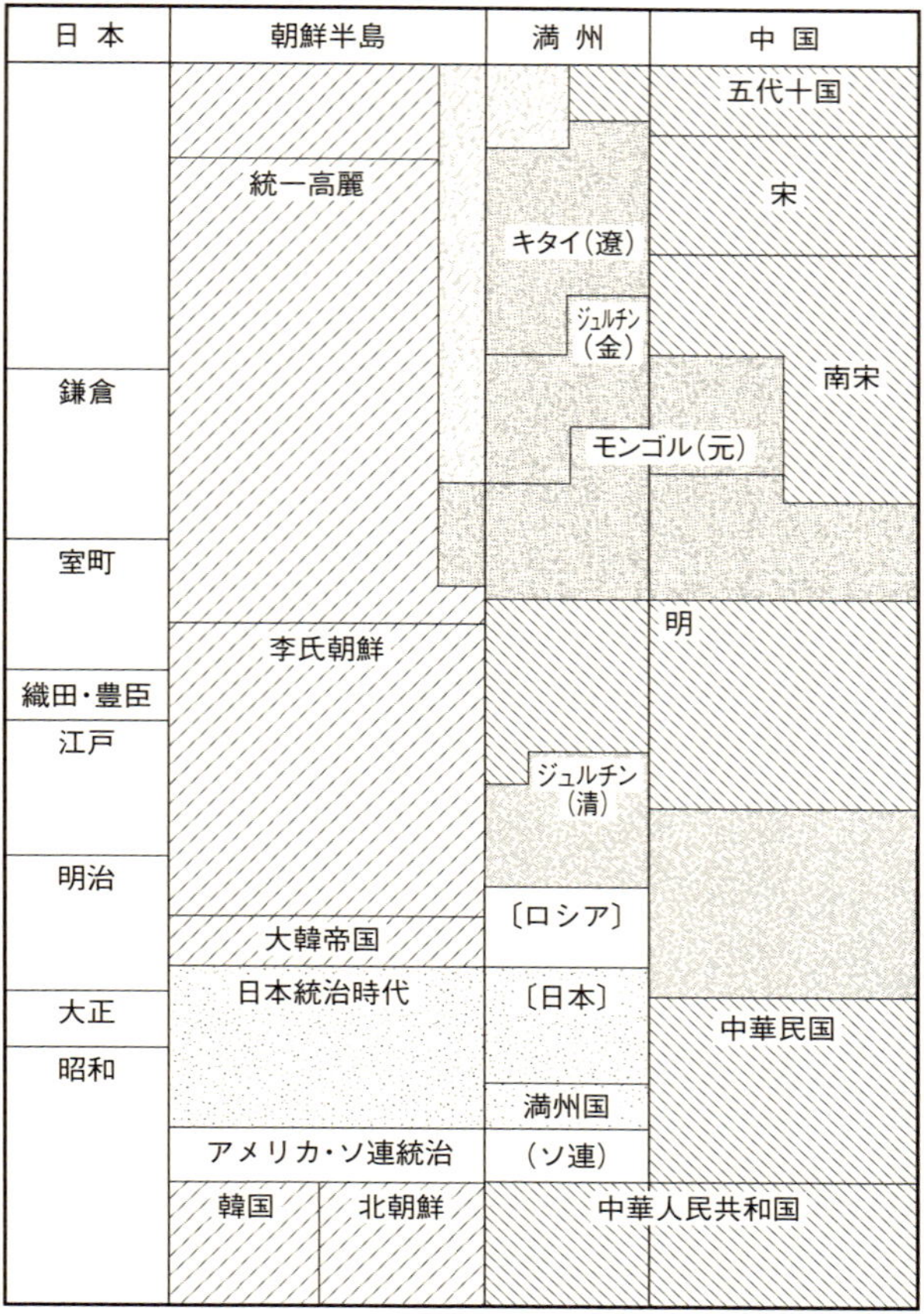
日 本
朝鮮半島
満 州
中 国
五代十国
統一高麗
宋
キタイ（遼）
ジュルチン
（金）
鎌倉
南宋
モンゴル（元）
室町
明
李氏朝鮮
織田・豊臣
江戸
ジュルチン
（清）
明治
〔ロシア〕
大韓帝国
日本統治時代
〔日本〕
大正
中華民国
昭和
満州国
アメリカ・ソ連統治
（ソ連）
韓国
北朝鮮
中華人民共和国

朝鮮半島と周囲の国の年表

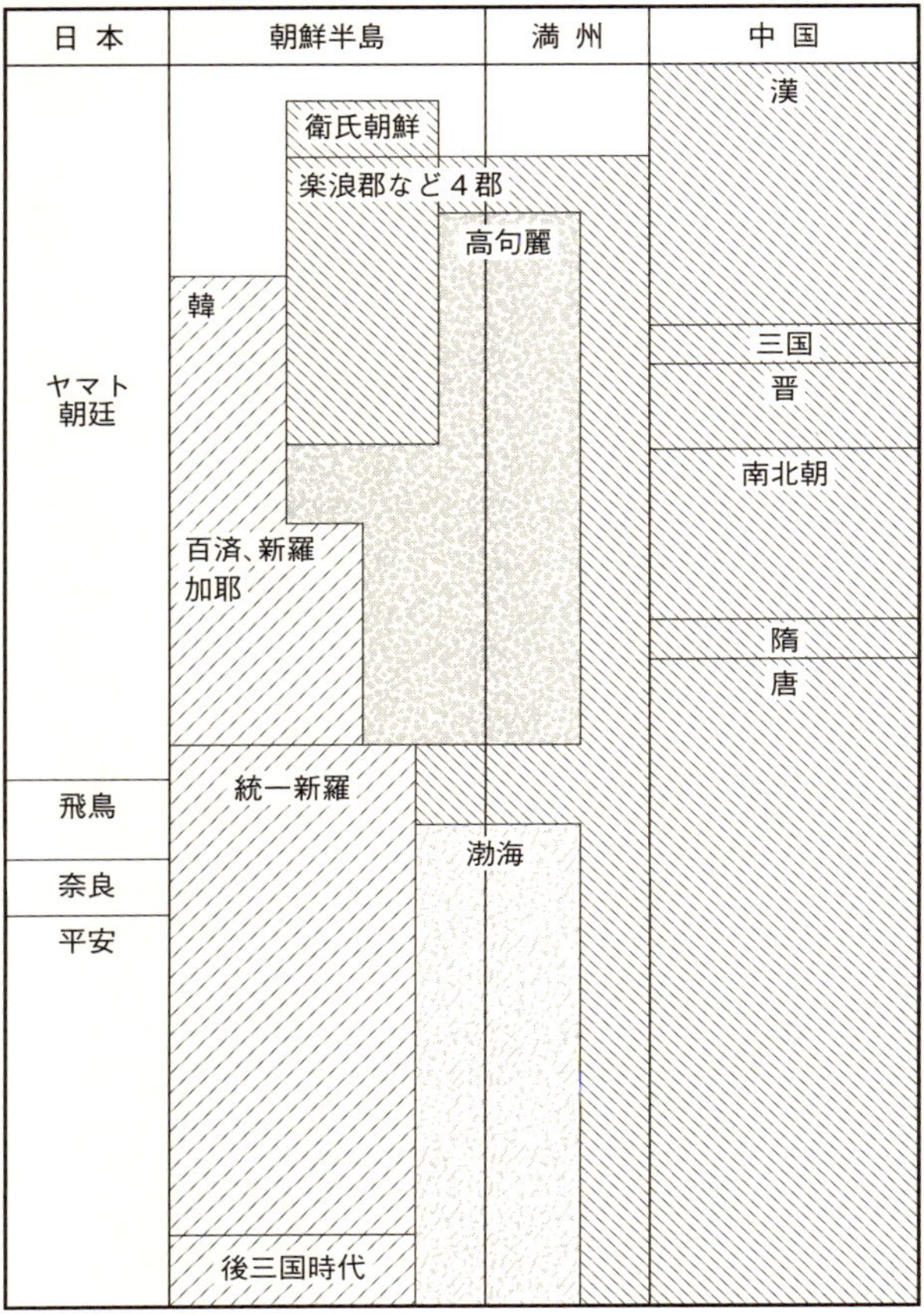

序章 朝鮮半島の命運を握る東西南北の勢力とは？

なぜ朝鮮半島の歴史は、強国の角逐の歴史と重なるのか？

現在、朝鮮半島は世界を左右する地域のひとつである。そして、日本からすれば不可解な地域である。それは、いまにはじまった話ではない。朝鮮半島に生まれた国家は、世界史のなかでも屈指の多難の道をたどり、朝鮮半島は大国角逐《かくちく》の場となったからだ。たしかに、16世紀のイタリア半島、17世紀のドイツは、外国勢力の角逐する場となったが、朝鮮半島の比ではない。朝鮮半島の場合、外国勢の角逐に際限がないのだ。

朝鮮半島の国家は、四方、東西南北を巨大な勢力に取り囲まれている。西方には中国大陸の巨大な帝国があり、つねに朝鮮半島の歴史に大きく関与しつづけてきた。朝鮮半島の北辺には、強力な遊牧民族国家が次々と誕生し、朝鮮半島国家にたびたび侵入を繰り返した。東をみるなら、日本海と対馬《つしま》海峡を挟んで日本列島の勢力がいる。日本の政権は、ときとして朝鮮半島に深く介入、軍事行動さえ起こしてきた。そして、19世紀になると、欧米勢力が海を越えて朝鮮半島近海に近づき、大きな影響力をもちはじめている。彼らは、南の勢力といってもいいだろう。

朝鮮半島の国家は、否《いや》でも応でも、この4つの勢力の影響と関与を受けざるをえなかった。とくに中国大陸に新王朝が生まれたとき、そして、北方の遊牧民族が統一帝国を築いたとき、さらに日本の政権がユーラシア大陸を志向したとき、朝鮮半島への外圧は強まる。

北の軍事勢力、西の巨大王朝、東の海洋勢力が目指すのは、東ユーラシアでの覇《は》権《けん》と安全保障である。彼らが覇権を目指し、勢力を拡張させるとき、朝鮮半島は地政学的な意味で勢力角逐の場になる。

もちろん、朝鮮半島の国家は簡単には屈しない。朝鮮半島の国家は、周囲からみれば相対的に小国となるが、世界基準からすれば、そうではない。面積なら、ギリ

北辺に拡大した朝鮮半島国家（朝鮮半島歴史地図）

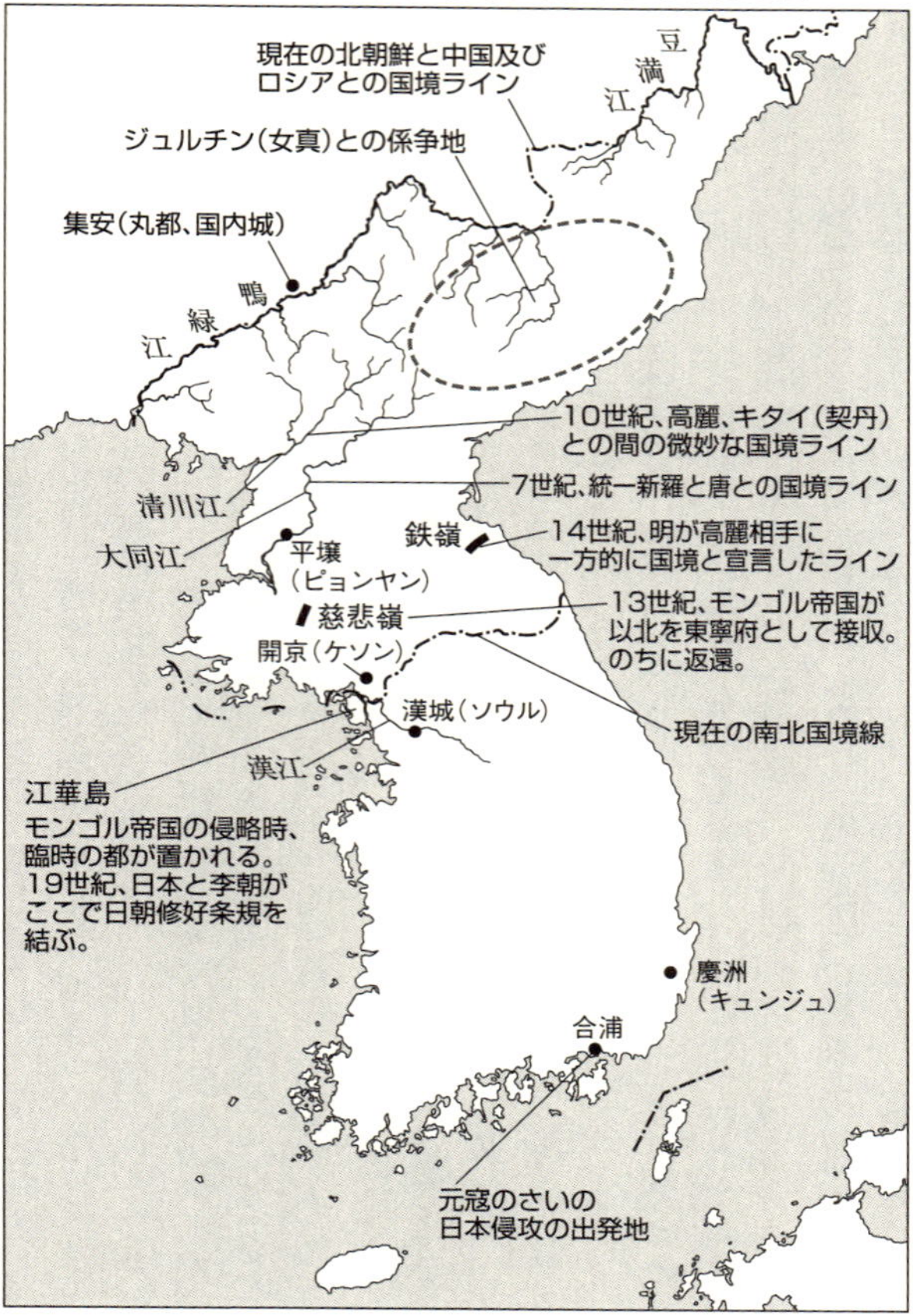

シャやスイスよりも大きい。容易には征服されないだけの力と人口を抱えている。彼らは軍事と外交で対抗、独立を守ろうとしていくが、大国が本気になるほどに追い詰められていく。

そこに国内での党派抗争が絡む。政敵を徹底的に追い詰めずにはいられない内部対立の激しさは、朝鮮半島の宿痾《しゆくあ》のようなものである。内部対立により国が分裂、周辺の大国を引き込むことさえある。

地球科学のプレートテクトニクスの理論では、日本列島は４つのプレートの境目にあり、それゆえに巨大地震にたびたび見舞われる。国際社会では、プレートの境目は日本列島ではなく、朝鮮半島にある。ゆえに、朝鮮半島を震源とする戦争、紛争は絶えないのだ。

そんなわけで、朝鮮半島の歴史を、朝鮮半島国家のみの歴史で語ろうとすると、本質を見誤る。多くの国でその国のみの単独史はありえず、その国の歴史には他国が大きく関わっている。四方を海に囲まれた日本ですら、そうである。朝鮮半島の場合、中国大陸に近いうえ、陸地で北方の勢力と接し、いまもロシアとは地つづきである。世界史の激動を朝鮮半島は直に被《こうむ》りやすく、それが朝鮮半島の歴史を形成していったのだ。

西の大国

朝鮮半島の命運を、もっとも強く握ってきた中国大陸王朝

朝鮮半島に大きな影響を及ぼした4つの勢力をおおまかにみていくと、まずは西の大国だ。西の大国である中国歴代王朝と国家は、朝鮮半島の歴史にもっとも深く関与しつづけてきた。紀元前の漢帝国にはじまり、南北朝時代の諸王朝、隋《ずい》帝国、唐《とう》帝国、宋《そう》帝国、明《みん》帝国、そして現代の中華人民共和国に至るまでだ。

中国王朝と朝鮮王朝の関係は、主従関係に近い。新羅《シルラ》（しらぎ）や百済の時代から、朝鮮王朝は中国王朝に後ろ楯を求め、新羅は唐帝国の軍事支援を得て、朝鮮半島統一に成功している。李《り》氏《し》朝鮮が日本の豊臣秀吉の軍勢の侵攻を受けたとき、支援を仰いだのが明帝国である。

中国大陸の王朝が強盛であるとき、朝鮮半島は安定しやすい。というのも、中国王朝の力が朝鮮半島の北辺にまで及び、朝鮮半島は北辺からの脅威を受けなくてすむからだ。

逆に、中国大陸の王朝が弱体化をたどったとき、朝鮮半島は苦しい決断を迫られる。朝鮮半島の北辺を脅《おびや》かす遊牧民族国家からの圧力が強まり、朝鮮半島王朝は中

国を取るか、遊牧民族側につくかの選択をしなければならなくなる。この判断を間違ってしまうと、朝鮮半島は北辺から軍事侵攻を何度も受けてしまうのだ。

中国と朝鮮半島国家は、親子・兄弟のような信頼関係に結ばれているといわれがちだが、それは表向きである。朝鮮半島側からすれば、中国はときに威圧的で、尊大である。朝鮮半島の住民は、中国に潜在的な大きな恐怖心を抱いている。だから、大々的な反日デモを展開しても、中国を侮蔑《ぶべつ》するような反中デモは展開しない。

その一方、中国への恐怖心と反発は、中国の影響圏からの離脱願望を伴う。その表れが、第2次世界大戦後のハングルの定着でもある。朝鮮半島では長く漢字が公用文に使われていたが、現代の韓国、北朝鮮は、ともにハングル普及に熱心であり、漢字を排除してきた。また近年、北朝鮮が中国を無視するかのような行動をとっているのも、中国に対する恐怖と潜在的な中国の影響圏からの離脱願望ゆえであろう。

北の強国
キタイ、ジュルチン、モンゴル、ソ連とつづく北辺の軍事強国

朝鮮半島にとって、中世以後、最大の脅威でありつづけてきたのが、満洲だ。英

語ではマンチュリア、現在の中国東北部とロシアの沿海州を指す（「満州国」のことではない）。満州は、朝鮮半島の北側と国境を接し、唯一、朝鮮半島に陸づたいに侵入できる地域でもある。

この地域には、もともと漢人は少なく、長く未開地が多かったが、中世以降、強大な国家が誕生しはじめる。まずは、モンゴル高原東部から勃興《ぼっこう》したキタイ（契《きっ》丹《たん》）人の遼《りょう》帝国、つづいて松花江《ソンホワンチン》（しょうかこう）流域から登場したジュルチン（女真）の金帝国、モンゴル帝国と覇権が変わっていく。ともに中国大陸王朝を圧倒する力をもち、金帝国は宋をいったんは滅ぼし、モンゴル帝国は南宋を滅ぼし、中国大陸を制覇した。

満州に巨大な軍事勢力が誕生すると、朝鮮半島国家は軍事侵攻を受ける。満州の強国は、満州と中国双方にいい顔をする二重外交を許さない。朝鮮半島国家は右往左往のすえ、遼、金帝国から冊封《さくほう》（爵位《しゃくい》を授かり臣下となる）を受けるようになる。モンゴル帝国の場合、高麗《コリョ》（こうらい）を完全に属国扱いしてしまっていた。

ただ、満州に勃興した国家が中国大陸を制覇してしまうと、朝鮮半島の安全は保障される。その典型が、満州に興った清《しん》帝国である。清が世界帝国を誇った時代、朝鮮半島国家は、清にただ従えばよくなっていた。

19世紀になって新たに満洲に登場したのが、ロシア（ソ連）の勢力である。第2次世界大戦後、金日成《キムイルソン》（きんにっせい）の北朝鮮が誕生するが、これはソ連の後押しがあってのものだ。北朝鮮は、いまなおロシアとは沿海州で国境を接しているのだ。

朝鮮半島国家は、満洲に対して相反するふたつの感情を抱いている。ひとつは侮《あなど》りであり、もうひとつは恐怖である。中国文化圏の優等生を自任する高麗や李氏朝鮮は、北辺のキタイ人やジュルチン人を野蛮と見なし、自らよりも劣った者と扱ってきた。だが、彼らが強大となると、その侮りは屈辱となってはね返ってくる。

その恐怖と屈辱は、朝鮮半島の国王たちを惰弱《だじゃく》にさえしている。たしかに高麗はキタイを破ったこともあったものの、その軍事力に敗北を繰り返した。さらにモンゴル帝国相手となると、もはや連戦連敗、国王は国民を見捨てて、江華島《カンファド》（こうかとう）に逃げた。李氏朝鮮が成立したのちも、これは変わらず、清帝国の軍勢による朝鮮半島侵攻の前に国王は無力でしかなかった。

かつて、半島を統一した新羅《シルラ》（しらぎ）は、唐帝国と戦い、独立を保ったこともあった。新羅にあった気概が、北方民族相手の連戦連敗によって朝鮮半島から失われてしまった。それが、今日の朝鮮半島の指導者に影響を及ぼしていないとは断言できない。

東の海国

ときとして朝鮮半島に深く関わってくる日本

朝鮮半島国家にとって、日本は東の海国となる。日本は、ときに朝鮮半島に災厄をもたらす国家である。日本は海を隔てているだけに、つねに朝鮮半島に関与するわけではない。四方の海が巨大な防壁になってくれているおかげで、内向きの国家である。ただ、ときに強力な政権が登場したとき、朝鮮半島側からすれば、思いもよらない論理をふりかざし、朝鮮半島に軍勢を送り込みさえする。16世紀の豊臣秀吉の出兵がそうだった。

また、日本にとっては朝鮮半島はロシアの脅威からの最終防衛ラインであった。そのために、19世紀以後、日清戦争、日露戦争と、日本は朝鮮半島を舞台に戦うが、朝鮮半島国家からすれば日本の行動は不可解、かつ侵略的だった。

日本は、中国、満洲・モンゴル系の帝国、ロシアほど広大な版図《はんと》をもたない。小さな島国ともいえるが、ときとして強大化する。ドイツやイギリスを大国というなら、欧州の両国よりも面積の大きい日本もまた大国となる。現在も世界第3位の経済力をもち、強い影響力を行使することができる。

朝鮮半島国家にとって、日本は東アジアの下剋上《げこくじょう》的な存在である。東アジアには、上下の秩序を重んじる朱子学《しゅしがく》の論理が強く残る。朱子学の論理でいくなら、正統の中心に中国大陸国家があり、その次に朝鮮半島国家がある。日本は朝鮮半島国家より明らかに下位にあり、李氏朝鮮の両班《ヤンバン》（りょうはん）〈＝当時の支配階級〉からすれば蔑《さげす》みの対象であった。だが、日本人は朱子学よりも合理的な思考に興味をもっていたから、東アジアの上下の秩序を理解しないばかりか、それを平気でぶち壊す行為に出る。朝鮮半島からすれば、日本は、身のほどを知らない蛮国なのだ。

ただ、１９８０年代以降、韓国では日本に対する見方が変わりはじめている。従軍慰安婦問題をはじめとする歴史問題で、韓国は日本政府をたびたび指弾し、反省の言葉を述べさせてきた。それは韓国外交の輝かしい勝利であり、韓国は内政で窮《きゅう》するほどに、対日外交勝利で国威の立て直しを図るようになってきたのだ。これは、朝鮮半島の歴史でめずらしい変化になっている。

南の欧米勢力

朝鮮半島の力のゲームに加わった新たなプレイヤー

19世紀以降、朝鮮半島の歴史に新たに加わったのは、欧米勢力である。彼らは初期に帝国主義の旗を掲げ朝鮮半島に迫ったが、途中から自由主義、民主主義、資本主義に転換、朝鮮半島に影響を与えている。

なかでも、もっとも強い影響力をもつのは、世界最強の大国アメリカである。アメリカは意図して朝鮮半島に影響をもつようになったわけではなく、第２次世界大戦で日本を屈伏させた行きがかり上だ。アメリカは、日本の統治していた朝鮮半島の南側の統治を引き継ぎ、ここに韓国を誕生させた。

以後、韓国の最大の庇護者《ひごしゃ》はアメリカとなっている。韓国にとってアメリカは、北朝鮮の軍事攻勢から守ってくれる守護者である一方、韓国に独自の外交を許さない管理者でもある。近年、韓国は大国と化した中国に接近を図ってきたが、これはアメリカにとっては背信に等しい外交である。韓国は、アメリカの後ろ楯ゆえに繁栄・安定を遂げてきた。その一方、アメリカの強すぎる影響圏から脱出したい誘惑に駆られているのだ。

1章 古代・三国期 なぜ「日本」の国号誕生は新羅の半島統一と同時期なのか？

楽浪郡

なぜ漢帝国の誕生が、朝鮮半島のミニ国家と結びついたのか？

朝鮮半島の歴史は、中国との関わりからはじまる。紀元前の古代にあって、東ユーラシアの先進地域は、黄河中流域（中原《ちゅうげん》）を中心とした一帯である。古代中国では漢字が生み出され、漢字をもとに、孔子《こうし》、孟子《もうし》、孫子《そんし》らさまざまな思想家も誕生していた。

古代の日本が中国大陸の影響を強く受けて成立していったように、中国大陸により近い朝鮮半島では、中国の影響がきわめて強かった。朝鮮半島では、中国からの移住によって国がつくられていった。

現代の韓国・北朝鮮では、朝鮮半島の歴史は、檀君《タングン》（だんくん）にはじまるとしている。

檀君は朝鮮民族の始祖とされ、彼の開いた王朝が檀君朝鮮と呼ばれる。ただ、檀君の話が初めて登場するのは、13世紀に成立した『三国遺事《サムグンニューサ》』のなかである。檀君に関しては考古学的な実証がなく、世界的には神話の扱いだ。

朝鮮半島では、檀君朝鮮につづいて、箕子《きし》朝鮮、衛氏《えいし》朝鮮があり、ともに中国の影響を受けている。箕子は、中国・殷《いん》王朝最後のキングであった紂王《ちゅうおう》の親戚であったとされる。殷滅亡ののち、朝鮮半島に移住、箕子朝鮮を興している。箕子朝鮮は、中国の『史記』、『三国志』「魏志《ぎし》」東夷伝《とういでん》に記述されているが、実態はよくわからない。

このあと生まれたのが、衛氏朝鮮となる。中国の春秋戦国《しゅんじゅうせんごく》時代、燕国《えんこく》の家臣・満《まん》（衛満《ウイマン》）が朝鮮に渡り、建国したという。檀君朝鮮、箕子朝鮮、衛氏朝鮮は、のちの中世から近世にかけての李氏朝鮮と区別するため、朝鮮半島ではひっくるめて古朝鮮とも呼ばれている。

朝鮮半島が、中国統一王朝の視野に明らかにはいってくるのは、漢帝国の時代で

漢に経営された古代朝鮮（紀元前1世紀）

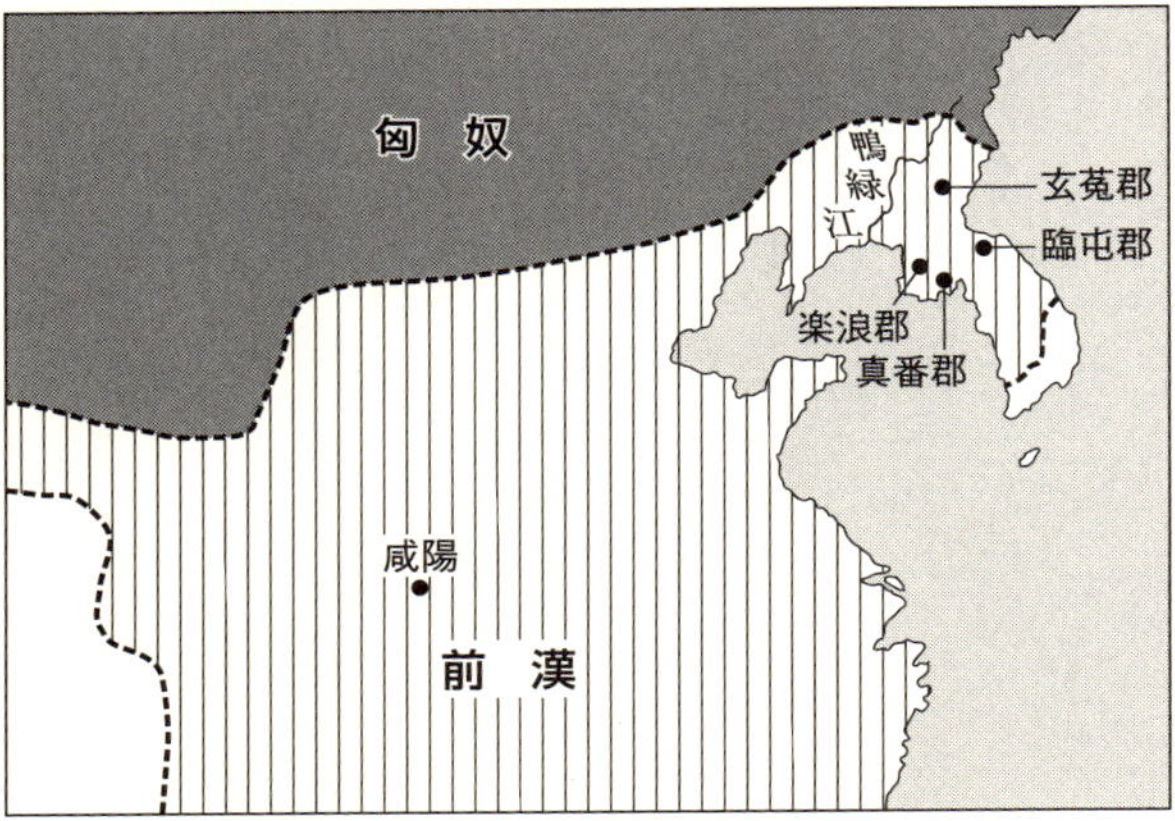

ある。中国では、紀元前２２１年、秦が長い戦乱にあった中国大陸を統一、秦滅亡ののち、紀元前２０２年に漢帝国が成立する。漢帝国（前漢）の最盛期は武帝の時代であり、彼は版図拡張政策をむきだしにした。漢は、南方の南越を滅ぼし、つづいて東に向かい衛氏朝鮮を攻めた。衛氏は、紀元前１０８年に滅亡させられている。

　武帝は、朝鮮半島北部を漢帝国の版図に組み入れる。朝鮮半島北部に楽浪《らくろう》郡、真番《しんばん》郡、臨屯《りんとん》郡、玄菟《げんと》郡を置き、直轄地としたのだ。楽浪郡はおよそ４００年にわたってつづくが、途中、後漢帝国の衰退に伴い、楽浪郡から新たに帯方《たいほう》郡が置かれている。

高句麗

満洲南部に勃興した勢力が、強盛となった理由

朝鮮半島とその周辺域で早くから台頭してきたのが、高句麗《コグリョ》（こうくり）と扶餘《プヨ》（ふよ）だ。とりわけ高句麗の王権は紀元前1世紀ごろ成立して発達し、7世紀まで東アジア世界の有力地域王朝として勢力をもった。

高句麗を形成したのは、現在の朝鮮半島の主流である韓族ではなく、ツングース系の貊《メク》（ぱく）族である。彼らはもともと鴨緑江《アムノッカン》（おうりょっこう）中流域に居住、玄《げん》菟《と》郡に属していた。彼らはやがて玄菟郡の支配から離脱、玄菟郡を圧迫するようになる。こうして朝鮮半島の中国領地を脅かしながらも、32年には、後漢帝国に朝貢の使者を出している。

高句麗の祖とされるのが、朱蒙《チュモン》（しゅもう）と呼ばれる人物だ。高句麗の神話では、隣接する扶餘の出自となっていて、現在の韓流では古代屈指の英雄扱いだが、彼が本当はどんな人物だったかはわかっていない。

高句麗は3世紀初めには、根拠地を鴨緑江中流域、国内城《クンネソン》（丸都《ファンド》）に置く。現在の中国吉林省・集安《しゅうあん》周辺だ。高句麗は一定の勢力となり、高句麗が領地を拡大して

いくには、中国王朝との対立は避けられなくなっていく。220年、中国大陸では後漢帝国が消滅、代わって魏《ぎ》が中国大陸の覇者となっていく。魏は東方の支配を確実にするため、当時、満洲南部にあった公孫氏《こうそんし》を滅ぼし、楽浪郡、帯方郡を確保した。そこから先は、鴨緑江一帯に力をもっていた高句麗との対決となる。魏の軍勢は244年、高句麗に侵攻、高句麗は敗れ、東川王《トンチョンワン》（とうせんおう）は高句麗領土を捨てなければならないほどだった。

だが、高句麗は滅亡しなかった。というのも、中国大陸で混乱がはじまったからだ。265年、魏は司馬炎《しばえん》によって消滅させられ、新たに晋《しん》が生まれるが、晋には中国大陸の統一を維持する力がなかった。291年には八王の乱が起き、316年には永嘉《えいか》の乱となる。永嘉の乱では、晋の都である洛陽《らくよう》、長安《ちょうあん》が南匈奴《みなみきょうど》によって陥落、いったんは晋は滅亡する。その後、残された王族が中国大陸の南に晋（東晋）を復興させるが、北中国（華北）では遊牧民族系王朝が次々と勃興《ぼっこう》しては消え去る五胡十六国時代《ごこじゅうろっこく》となった。

4世紀から6世紀末まで、中国大陸には強力な王朝が長つづきせず、朝鮮半島は中国王朝の影響から脱け出せる状況が生まれていく。そんななか、高句麗は復興、強大化していくのだ。

高句麗は310年代、楽浪郡、帯方郡などを滅ぼし、中国大陸の勢力を朝鮮半島から駆逐した。高句麗の存在は大きくなったが、北中国にはときとして、強力な遊牧民族王朝が生まれる。そのひとつである鮮卑《せんぴ》族の前燕《ぜんえん》は、建国まもない342年に高句麗に侵攻、王妃と王母を捕らえている。高句麗は前燕の圧力に屈し、臣従の礼をとらなければならなかった。ただ、この時代の北中国に出現した王朝は長つづきせず、高句麗には復活のチャンスはあった。

長寿王の平壌遷都

なぜ高句麗は、朝鮮半島王朝化を目指したのか？

高句麗が東アジアの大国となるのは、391年に即位した広開土王《クアンゲトワン》（こうかいどおう）の時代である。永楽王、好太王ともいわれ、朝鮮半島南部にあった百済《ペクチュ》（くだら）にも侵攻、朝鮮半島の臨津江《イムジンガン》以北を領土とした。満洲の東北地域にあった粛慎（靺《まっ》鞨《かつ》）、東扶餘をも征服、さらにかつて屈辱を呑まされた前燕をも打ち破り、遼東《リヤオトン》（りょうとう）半島を手に入れている。高句麗は、満洲から朝鮮半島にまで広がる国家となっていた。

広開土王の子・長寿王《チャンスワン》（ちょうじゅおう）の時代、高句麗は意図的に朝鮮半島王朝

版図を拡大する高句麗の半島南下（4〜5世紀の朝鮮半島）

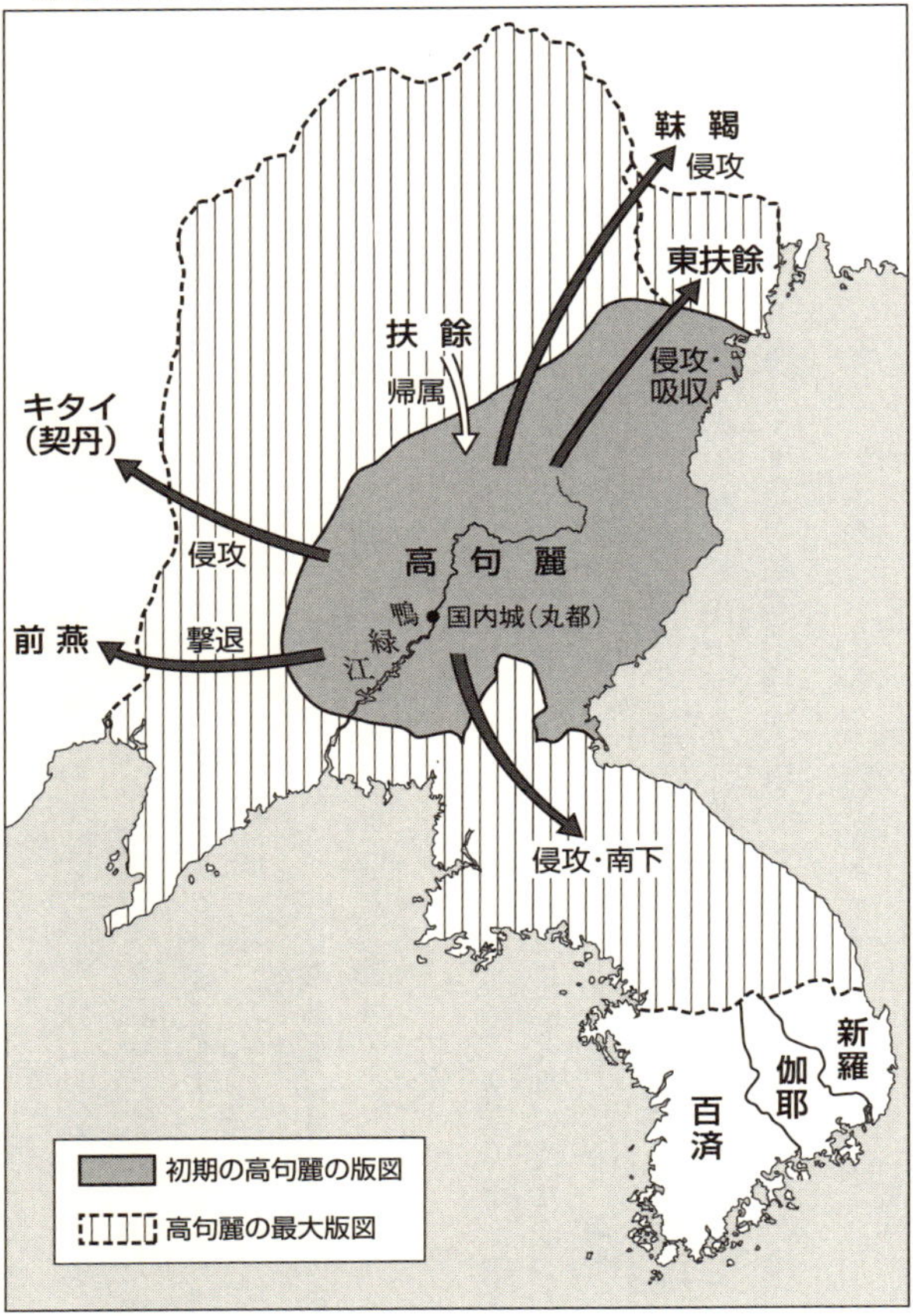

化をはじめる。高句麗は南に遷都、大同江《テドンガン》（だいどうこう）畔、いまの平壌《ピョンヤン》（へいじょう）を都とした。これは、高句麗が朝鮮半島南部の支配を目論んでの遷都であった。これまで高句麗は西方へ版図を伸ばそうとしてきたが、西方では中国大陸にある遊牧民族系国家と激突せねばならない。高句麗は西方経営の困難を知り、南の朝鮮半島へと勢力拡大を狙ったのだ。

高句麗が朝鮮半島で強力な国となりえたのは、ひとつには騎馬軍団が優秀だったからと思われる。東ユーラシアでは、北方にいくほど騎馬に適する。騎馬軍に劣る朝鮮半島南部は、不利を免れなかった。

高句麗は平壌を首都としたことで朝鮮半島王朝ともなったが、厳密にいえば、純粋な朝鮮半島王朝とも言い切れない。高句麗は満洲から朝鮮半島北部にまたがった王朝であり、満洲勢力のひとつと見なすこともできるのだ。その意味では、満洲に勃興して、金帝国、清帝国を樹立したジュルチン（女真）の先駆に位置づけられる。また、現代の中国の場合、高句麗を歴代中国の地域王朝のひとつと見なしている。これに対して、韓国は大きく反発、朝鮮半島国家であると主張、両国の歴史認識問題にも発展している。

新羅と百済

なぜ倭国の軍勢が侵攻してきたのか?

高句麗が朝鮮半島北部で勢いを増していく4世紀、朝鮮半島南部で勃興していたのが、百済と新羅だ。

それまで朝鮮半島南部には、韓族が居住、紀元前1世紀ころからいくつかの小国が生まれはじめた。3世紀には、馬韓《マハン》（ばかん）、弁韓《ピョナン》（べんかん）、辰韓《チナン》（しんかん）という3つの小国連合となっていた。やがて高句麗の勢力がしだいに朝鮮半島北部で強大化すると、小国は強い危機意識をもつ。

4世紀には、そのなかで、馬韓から百済、辰韓からは新羅が力をつけはじめたのだ。残る弁韓は統一されず、加耶《カヤ》（加羅《から》）という小国連合となっていた。

百済は、371年には高句麗と戦い、いったんは平壌を陥落もさせている。4世紀後半には、黄海道《ファンヘド》（こうかいどう）から全羅南道《チョルラナムド》（ぜんらなんどう）までを支配下に置いた。だが、475年には長寿王率いる高句麗の侵攻を受け、都の漢城《ハンソン》は陥落、蓋鹵王《ケルワン》は殺害された。これにより、百済はいったん滅亡するが、熊津《ウンジン》（ゆうしん）（公州《コンジュ》）を都に再興されている。

新羅は、慶州《キョンジュ》（けいしゅう）を中心とする斯盧《サロ》（しろ）国の発展した国家であり、6世紀に新羅を正式に名乗りはじめている。新羅では、エリート養成システムとして花郎《ファラン》（かろう）制度を採用、国力の増強を図った。花郎とは、頭も見た目もいい上流貴族の若者であり、軍事教練から文化的教育まで、彼らを特別に鍛えたのだ。

新羅は、初期には高句麗に従属する立場であったが、5世紀ごろから高句麗への対抗をあからさまにする。551年には高句麗の領土の一部を奪い、さらには百済の軍を破り、聖王《ソンワン》を敗死させてもいる。聖王は、日本では聖明王の名でも知られ、日本に仏教を伝えたとされる王だった。

百済と新羅は、ときに協力して高句麗に当たったが、この時期、朝鮮半島を脅かす勢力にはほかに倭国《わこく》（日本）があった。現在の多くの朝鮮史のなかではほとんどなかったようにも叙述されているものの、倭は朝鮮半島に関わっていた。倭は朝鮮半島南部の加耶諸国や百済と関係をもち、服属もさせていた。百済は倭に人質を送ったこともある。

倭の大規模介入を伝えるのが、広開土王の碑文である。現在の中国・集安市で発見されたこの碑文は、高句麗の広開土王の業績を讃えたものだ。そのなかには、広開土王と倭の戦いも記されている。碑文には、4世紀末に倭が新羅に侵攻、新羅は高句麗に支援を仰ぐ。広開土王は新羅支援の軍勢を送り込むが、すでに倭は撤退したあとだった。こののち404年、倭は帯方（現在の黄海道）に侵攻、高句麗は倭を破っている。

倭はヤマト朝廷とされるが、その一方、九州の豪族勢力ではないかという説もある。いずれにせよ、倭は軍勢を送り込むほど、朝鮮半島に関わった。

日本と朝鮮半島のこの時代の関わりは、前方後円墳からもわかる。日本列島では3世紀後半から5世紀後半にかけて、巨大な前方後円墳が造営された。一方、朝鮮半島南部の栄山江《ヨサンガン》流域でも、前方後円墳が発見されていて、日本列島との関係性を物語っている。

倭がなぜ、朝鮮半島に関わり、軍勢まで送っているかは、明らかでない。領土的な野心という見方もあれば、加耶から産する鉄資源を求めていたという見方もある。あるいは、百済や加耶からの要請を受けて、という見方もある。

倭は高句麗を強く意識し、百済や加耶を援助して、高句麗に対抗していたともいえる。古代の朝鮮半島では、北の勢力でもある高句麗と東の海洋勢力である日本とが角逐《かくちく》していたのだ。

朝貢外交

なぜ朝鮮半島国家は、弱体化した中国王朝に権威を求めたのか?

朝鮮半島では、しだいに小国が淘汰《とうた》され、やがて高句麗、百済、新羅の三国が鼎《てい》立《りつ》する時代となる。三国は領土を巡って激しく争い、生き残りをかけるが、三国がともに必要としたのは、中国王朝の権威である。三国は中国大陸の王朝に朝貢し、その権威を借りて、朝鮮半島で優位に立とうしたのである。

朝鮮半島の三国鼎立時代は、中国大陸の南北朝の時代と重なる。北中国（華北）の北朝では、北方民族の王朝がめまぐるしく交代する五胡十六国《ごこじゅうろっこく》の時代のあと、鮮卑《せんぴ》族の建国した北魏《ほくぎ》が5世紀前半に華北を統一する。北魏は6世紀前半に分裂するが、その系譜から、のちの隋・唐帝国が誕生している。一方、江南の南朝では、東晋ののち、宋《そう》、斉《せい》、梁《りょう》、陳《ちん》と短命な政権がつづいている。

中国王朝に早くから朝貢していたのが、高句麗だ。高句麗は、中国王朝の恐ろしさを歴史的に学んでいて、北朝にも南朝にも使者を送った。とくに北中国で北魏帝国が強大化し、高句麗と国境を接した時代、高句麗は北魏に冊封を受けている。北魏では、高句麗はランクの高い朝貢国となった。

一方、百済は南朝を重視、南朝のみに朝貢している。新羅は北朝、南朝双方に朝貢、朝鮮半島の諸国は、朝貢によって中国王朝から認められようとし、また他国よりも高い待遇を求めた。日本のヤマト朝廷もまた、5世紀のみ南朝に向けて朝貢している。

朝鮮半島諸国家の朝貢は、その後、伝統にもなる。国境を接していなくても、中国王朝に認められることが、国の権威づけと安全保障になると見なされたのだ。それは、逆説的にいえば、中国王朝の威信を強化する側面もあった。南北朝時代の中国王朝の力は低下し、周辺地域への影響力は乏しかった。そんななかにあって、高句麗、百済、新羅は競い合うかのように朝貢してくれたから、中国王朝は威厳を保つことができたのだ。こうした相互依存の関係が、朝鮮半島の三国時代にできあがり、中国王朝と朝鮮半島王朝の関係を形づくっていったのだ。

隋帝国対高句麗

中国王朝をも吹き飛ばす、朝鮮半島での失敗とは？

朝鮮半島では、6世紀、百済、新羅によって加耶が消滅、高句麗、百済、新羅の三国の生き残り競争が加速した。こうしたなか、朝鮮半島に強い影響力をもちはじめたのが、隋帝国である。

隋帝国は589年には南朝の陳を滅ぼして、ひさかたぶりに中国大陸を統一した。中国大陸での強国の出現に、高句麗、百済、新羅はそれぞれ朝貢の使者を送ったが、一方、高句麗は隋の脅威に過敏となり、侵攻に備えた。それは隋を逆に刺激し、隋の文帝、煬帝《ようだい》（ようてい）は高句麗侵攻を決意する。

隋が高句麗戦に踏み切ったのは、ひとつには突厥《とっけつ》（とっくつ）を意識してのことだ。突厥はモンゴル高原にあった遊牧民族帝国であり、これまで中国の北朝を脅かしてきた。突厥は東突厥、西突厥に分裂するが、東突厥は満洲にも勢力を伸ばし、高句麗との同盟も視野にあった。ただでさえ手強《てごわ》い突厥が高句麗と組むなら、隋の大きな脅威となる。突厥の同盟候補を潰すべく、隋は高句麗侵攻を決めたのだ。

隋の高句麗侵攻は、598年、612年、613、614年の4次にも及ぶ。ことに613年の煬帝による遠征は大がかりなものだったが、隋の敗戦に終わっている。高句麗の武将・乙支文徳《ウルチムンドク》（いっしぶんとく）が採用したのは、焦土《しょうど》戦術である。もともと満洲南部から朝鮮半島北部は農作に不向きであり、十分な食糧はない。乙支文徳は、隋軍の進路から食糧となるものをすべて持ち去った。大軍であるゆえに、隋の兵士はすぐに飢え、力を失った。隋軍は平壌に迫るが、これを落とせず、薩水《サルス》

（清川江《チョンチョンガン》）での待ち伏せに遭い、大敗するしかなかった。高句麗は、朝鮮半島史にあって最強の武勇を示した。

隋の高句麗遠征失敗は、国力を損耗させていた。中国大陸各地で農民の反乱が続発、煬帝は混乱のなか、殺害されてしまった。これにより隋帝国は滅亡、621年、代わって唐帝国が中国大陸の支配者となる。

隋の滅亡によって、朝鮮半島から満洲にかけての政策に失敗すると、中国王朝をも吹っ飛ばす潜在的な危険を伴うことを、中国に刻み込んだ。以後、歴代中国の為政者にとって、朝鮮半島をいかになびかせるかは大きな課題となったのだ。隋に代わった唐帝国もまた、高句麗侵攻を試みるが、失敗に終わる。唐帝国にとって、高句麗は喉元《のどもと》に刺さった刺のような存在となっていた。

隋・唐帝国の登場、高句麗侵攻は、朝鮮半島においてヤマト朝廷の存在を大きくする効果があった。西の大国・唐帝国の威圧に対抗するには、東の海国・ヤマト朝廷を味方につけることだった。かつて日本と敵対していた高句麗は、日本と通交するようになり、隋・唐に備えている。

一方、日本にとっては隋と突厥、高句麗の対立はひとつのチャンスにもなった。ヤマト朝廷は対隋外交を推し進めようとし、600年に最初の使者を送り込んだが、隋の文帝に追い返されている。こののち607年には、小野妹子が隋に向かう。彼の携えた国書には、「日出づる処《ところ》の天子、書を日没する処の天子に致す」とあった。もともと東アジアに、対等外交はなく、上か下かだ。ヤマト朝廷と隋を対等と見なしたその国書に、煬帝は不快の念を隠さなかったが、結局、煬帝は受け入れざるをえなかった。隋は、突厥、高句麗を敵としている。これに日本までが加わるのを恐れ、日本との通交に応じたのである。

640年代のクーデター連鎖

朝鮮半島と日本で、宮廷流血劇がつづいた理由

紀元630年代から640年代にかけては、唐帝国が最盛期を迎えた時代である。626年から名君と伝えられる太宗《たいそう》が皇帝に即位、唐の最強の敵である東突厥を撃破、西方では吐谷渾《トヨクコン》を打ち破り、高昌《トルファン》を滅ぼした。太宗の軍事攻勢は高句麗にも向けられ、唐帝国の圧力に対して、朝鮮半島、さらには日本までが過剰なくらい反応していく。それが、640年代の朝鮮半島での宮廷政変劇の連鎖にもなっているのだ。

まずは、百済である。百済では641年に義慈王《ウイジャワン》（ぎじおう）が即位、翌642

年に新羅に侵攻した。その直後、義慈王は王族や有力者を大量に粛清《しゅくせい》、国外に追放、権力を完全掌握《しょうあく》したのだ。

高句麗でも、権力集中劇は起きていた。高句麗の実力者・淵蓋蘇文《ヨンゲソムン》（えんがいそぶん）が、642年、栄留王《ヨンニユワン》（えいりゅうおう）をはじめおよそ180名を殺害、宝臧王《ポジャンワン》を王位に就けた。新王は淵蓋蘇文の傀儡《かいらい》であり、淵蓋蘇文は高句麗の全権を掌握したといっていい。

一方、新羅では、王権を強化どころか、政権が不安定化していた。新羅を統治していたのは善徳女王《ソンドクニヨワン》（ぜんとくじょおう）だが、女王がトップであることに宮廷内では不安を募らせた。そこへ、義慈王率いる百済の侵攻を受ける。新羅は高句麗に救援を求めるが、高句麗はこれを拒否、新羅は半島内で孤立化した。新羅は唐の太宗に支援を仰ぐが、難問を突きつけられてもいる。新羅は女王を頂いているから、他国から侮られる。ならば、唐の皇帝一族を新たな新羅国王として派遣しようとしたのだが、新羅はなんとかこれを断っている。こののち、国内では女王廃位を求める反乱が発生、混乱のなか、善徳女王は死没、代わって真徳女王《チンドクニヨワン》（しんとくじょおう）が擁立された。

朝鮮半島各国での宮廷闘争劇の波は、日本列島にも押し寄せている。645年、日本の宮廷では乙巳《いっし》の変により、実力者の蘇我入鹿《そがのいるか》が殺害され、蘇我蝦夷《えみし》は自殺に追い込まれた。変の背後にあったのは、中臣《なかとみの》（藤原）鎌足《かまたり》、中大兄皇子（のちの天智天皇）らであり、皇極《こうぎょく》天皇は退位、代わって弟の孝徳天皇が即位している。乙巳の変は、かつては大化改新ともいわれ、蘇我氏の専横を排したクーデター劇とされるが、近年は乙巳の変の原因にさまざまな説が出ている。宮廷内の親百済派と親新羅派の対立が沸点に達したためという見方もある。朝鮮半島の権力闘争劇が、朝鮮半島に深く関与していた日本にも押し寄せてきたと考えられるのだ。

640年代、時代の主役に躍り出たのは、百済の義慈王、高句麗の淵蓋蘇文、日本の天智天皇である。彼らはつづく660年代に、それぞれが破滅的な結末を経験することになる。

百済滅亡

なぜ新羅は唐帝国と密着、年号まで唐と同じにしたのか？

640年代、高句麗と百済が権力集中を急ぐなか、乗り遅れていたのは新羅である。百済、高句麗との争いに劣勢下にあるなかで力をもちはじめたのは、実力者・金春秋《キムチュンチュ》（きんしゅんじゅう）である。彼は、分裂する新羅の国論をまとめようとする。

当時、新羅国内には、唐帝国依存派と自立派に分かれていた。金春秋は、まずは日本に渡り、日本の情勢を視察、つづいて唐に渡る。金春秋には、日本のヤマト朝廷との提携路線も選択肢のうちにあったと思われる。中大兄皇子との交渉があったとしても、おかしくはない。だが、ヤマト朝廷は、新羅への肩入れに消極的だったと思われる。

つづいて金春秋は唐に渡り、ここで親唐路線を明確にする。649年、新羅では唐の衣冠制《いかんせい》を採用、650年には新羅独自の年号を廃して、唐の年号を採用するほどになった。金春秋の新羅は、大帝国となっていた唐の追随国になることで、朝鮮半島での生き残りの安全保障としたのである。

それは、唐帝国としても、歓迎すべきものであった。唐帝国としては、進んで従属する国が生まれたのだから、国威を浮揚できる。さらに、新羅を味方に引き入れることで、難航を極めた対高句麗戦に活路が見いだせるかもしれないのだ。

新羅の親唐路線は、朝鮮半島の情勢を一気に変える爆弾であった。朝鮮半島では、唐・新羅連合対高句麗・百済連合の対決の図式ができあがっていた。654年、金春秋は武烈王《ムヨルワン》（ぶれつおう）として即位。これに対して、655年、高句麗、百済は新羅への侵攻を開始する。武烈王は唐へ支援を要請、唐帝国は高句麗に攻勢を仕掛ける。

このとき、新羅は唐軍の朝鮮半島への本格的な引き入れを決断する。新羅は、百済の征討を唐に要請、唐軍は黄海を渡って百済に侵攻する。百済は、唐軍と新羅軍の挟撃に遭い、敗北を重ね、義慈王は捕らえられ、唐に連れ去られてしまった。660年、百済は滅亡となったのだ。

白村江の戦い

朝鮮半島を戦場にしてぶつかった日中最初の戦い

百済の滅亡は、朝鮮半島にヤマト朝廷の兵を招き入れることになった。滅亡した百済内では、自国の復興を目指す動きがあった。百済の遺臣らは日本のヤマト政権に、百済復興の出兵を求めた。当時、百済の王子・豊璋《ブンジアン》（ほうしょう）は日本にあったから、百済の残党らは彼を新たな王に擁立しようともした。唐帝国・新羅連合に対抗できる勢力は、高句麗を除けば、もはや海東のヤマト政権しかなかった。唐につづいて、日本の軍勢の朝鮮半島引き入れである。

ヤマト朝廷の斉明天皇（皇極天皇の重祚《ちょうそ》）と中大兄皇子は朝鮮半島への出兵を決意、661年には筑紫《つくし》にまで軍を進める。この地で斉明天皇崩御ののち、中大兄皇子が指揮を執り、662年、日本兵は渡海する。だが、663年、白江《ペッカン》（白村江《はくそんこう》）で日本軍は唐・新羅連合軍に大敗、百済の復興はかなわなかった。

白村江の戦いは、朝鮮半島を舞台にしての強力な外国勢力の激突の第1弾といっていい。このあと、豊臣軍対明帝国軍、日清戦争、日露戦争、朝鮮戦争と歴史は繰り返される。

白村江の戦いは、日本の朝鮮半島からの完全な撤退を決定づけた。唐帝国の強大な力を知った日本は、自国の防衛に専心、唐帝国・新羅連合の侵攻に備え、態勢を整える。

日本では、こののち672年には、壬申《じんしん》の乱によって、天武天皇が天智天皇の子・大友皇子（弘文天皇）から政権を奪う。これは、白村江敗戦の日本国内での総決算であったといっていい。西日本の豪族は白村江の敗者・天智天皇を継ぐ大友皇子に非協力的であり、濃尾《のうび》平野の豪族を味方につけた天武天皇方の勝利となったのだ。

朝鮮半島政策の失敗は日本の内政に跳ね返り、内戦にさえ発展することを示した。以後、関ヶ原の戦い、西南戦争もまた、朝鮮半島政策のツケがもたらしたともいえる。

白村江の戦いは、日本人に初めて日本列島の防衛を本気で考えさせた。それまで国家意識に薄かった日本列島の主宰者たちは、自国の名乗りから考えるようになる。日本は国号として「日本」を使うようになりもすれば、これまでの「大王」の号を廃し、「天皇」の号も制定した。「日本」という意識は、朝鮮半島での蹉跌《さてつ》から生まれていたことになる。

高句麗滅亡

なぜ新羅は、唐と戦わねばならなくなったのか？

660年、百済が滅び、663年、日本の勢力が朝鮮半島から消滅すると、唐帝国・新羅連合に残された敵は、高句麗のみとなる。唐・新羅連合は、すでに661年から高句麗の都・平壌に進撃、平壌攻囲戦に入った。

だが高句麗には、実力者・淵蓋蘇文があった。彼があるかぎり、高句麗は抵抗をつづけ、平壌は陥落しなかった。666年、その淵蓋蘇文が没すると、高句麗では内部分裂がはじまった。淵蓋蘇文の弟は投降、668年に高句麗は滅んだのだ。

唐にすれば、高句麗は長く苦しめられた宿敵であり、ようやく高句麗問題を解決できたのだ。新羅からすれば、最大の脅威が去ったことになる。結局のところ、朝鮮半島のかなりの部分を支配したツングース系の高句麗に代わって、韓族を代表す

唐を引き込み、半島を統一した新羅（670年ごろ）

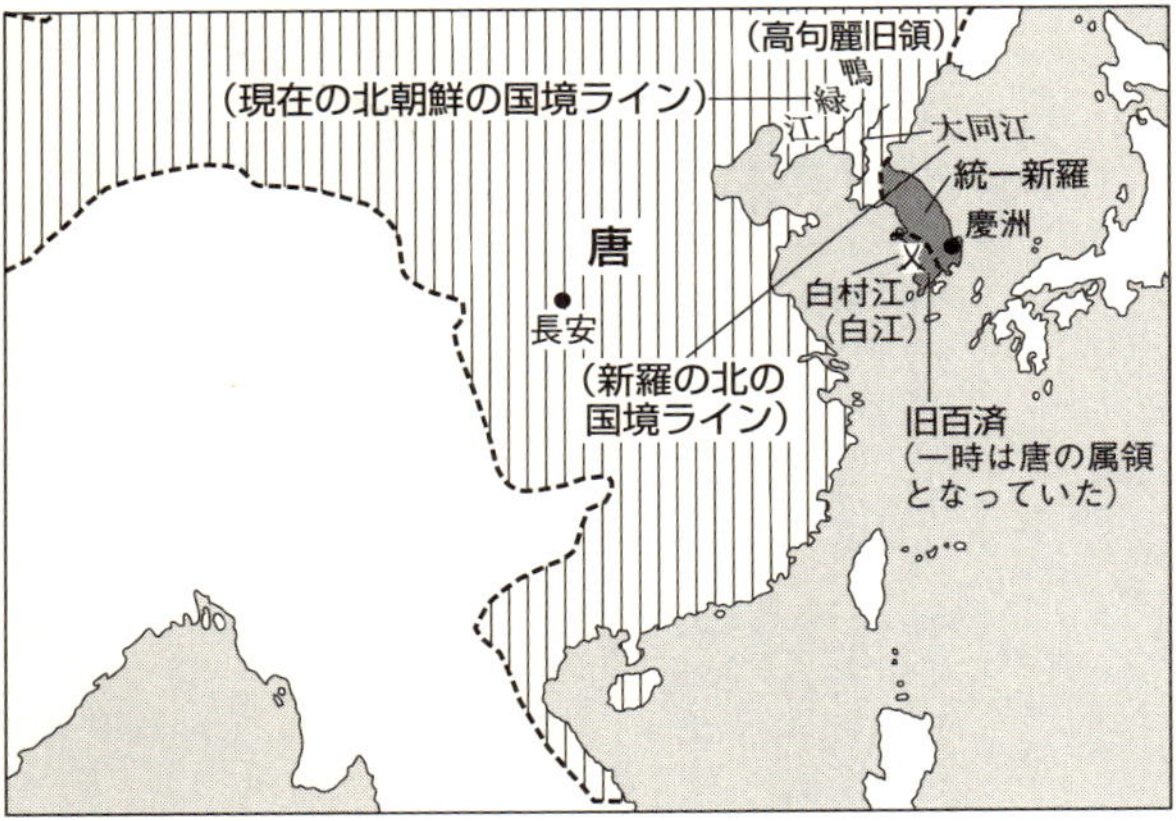

る新羅が朝鮮半島統一のチャンスをつかんだのである。

その新羅の新たな脅威となったのが、ほかならぬ唐帝国であった。唐には、朝鮮半島を新羅に預ける気はなかったのだ。唐帝国は高句麗、百済の版図を新羅に引き渡す気はなく、自らの属領化を目指しはじめた。唐は高句麗に自軍をとどめ、百済を自国の羈縻《きび》州としたばかりでなく、新羅をも羈縻州扱いした。唐軍を引き入れてしまったために、このままでは、唐に朝鮮半島が乗っ取られる事態が生じつつあったのだ。

追い詰められた新羅が決断したのは、唐帝国との複雑な戦いである。670年、新羅は百済の旧領土に軍勢を侵攻させ、唐を刺激した。唐は新羅に対して軍勢を送り込もうとしたのに対して、新羅側は和戦双方から唐に対処しようとした。片方では唐に対して謝罪を繰り返し、その一方で唐の軍に備えた。

実際に戦いは起きていて、新羅は2度の戦いで唐に勝利する。唐はその後も新羅征討を計画するが、チベット高原にある吐蕃《とばん》が台頭すると、吐蕃との戦いに追われる。吐蕃は手強《てごわ》く、唐は領土を奪われるくらいであり、新羅に手が回らなくなっていく。新羅征討計画はやがて立ち消えとなり、新羅は唐相手に独立を維持してみせたのである。新羅は高句麗の旧領の一部を接収、朝鮮半島の統一を成し遂げる。ただ、鴨緑江《アムノッカン》（おうりょっこう）、豆満江《トウマンガン》（とうまんこう）流域は版図に組み込めず、新羅の統治するエリアは38度線からやや北の礼成江《イエソンガン》と永興湾《ヨンフン》のラインにとどまり、平壌は手にはいっていない。

新羅の統一と日本における天武天皇による国づくりは、ほぼ同時代である。ともに朝鮮半島での動乱を通じて、激しい国家危機にさらされた。

2章

なぜ渤海は、日本と結んだのか？

統一新羅・渤海期

二重外交

なぜ統一新羅は、一時的に日本に対して接近したのか？

統一新羅が初期にもっとも接近した国といえば、じつは日本である。日本と新羅は660年代に百済を巡って対立、ついには白村江の戦いに至った関係である。敗れた日本側には新羅に対して復讐の計画さえあったのだが、新羅は仇敵《きゅうてき》の日本と良好な関係を結ぼうとしたのである。

7世紀後半の30年間に、新羅は日本に対して25回の使者を送っている。一方、日本はというと、新羅に9回の使者を送っている。7世紀の後半、新羅と日本は蜜月《みつげつ》にあったといっていい。

新羅が日本と密接な関係を築こうとしたのは、唐帝国の脅威に対しての安全保障のためだ。新羅は、唐の軍事力を利用して、朝鮮半島での戦争に勝利したが、その後、百済、高句麗の旧領土を巡って唐と争う事態となった。それまで唐に対する朝鮮半島の楯となっていたのは、高句麗である。高句麗を滅ぼした670年代以後、新羅が支援を仰げる近隣国は、東方の日本のみとなっていたのだ。唐に対抗して生き残らねばならない新羅には、かつての敵と結ぶのも選択肢にあったのだ。

ただ、新羅と日本の良好な関係は、長つづきはしなかった。悪化していた唐との関係が好転するなら、日本は新羅にとってどうでもいい存在になる。また、日本は新羅をとかく属国扱いしたがったから、新羅がこれを嫌ったともいえる。8世紀には、日本と新羅の関係は疎遠化、朝鮮半島から日本は距離を置いていく。

渤海

満洲南部に登場した新勢力は、高句麗とどうつながっている？

高句麗滅亡ののち、満洲は唐帝国の影響下にはいったかと思われたが、力の空白が生じ、新たな国が誕生する。それが、渤海《バレ》（ぼっかい）である。

唐による平和の下の、北の渤海と南の新羅（7〜9世紀ごろ）

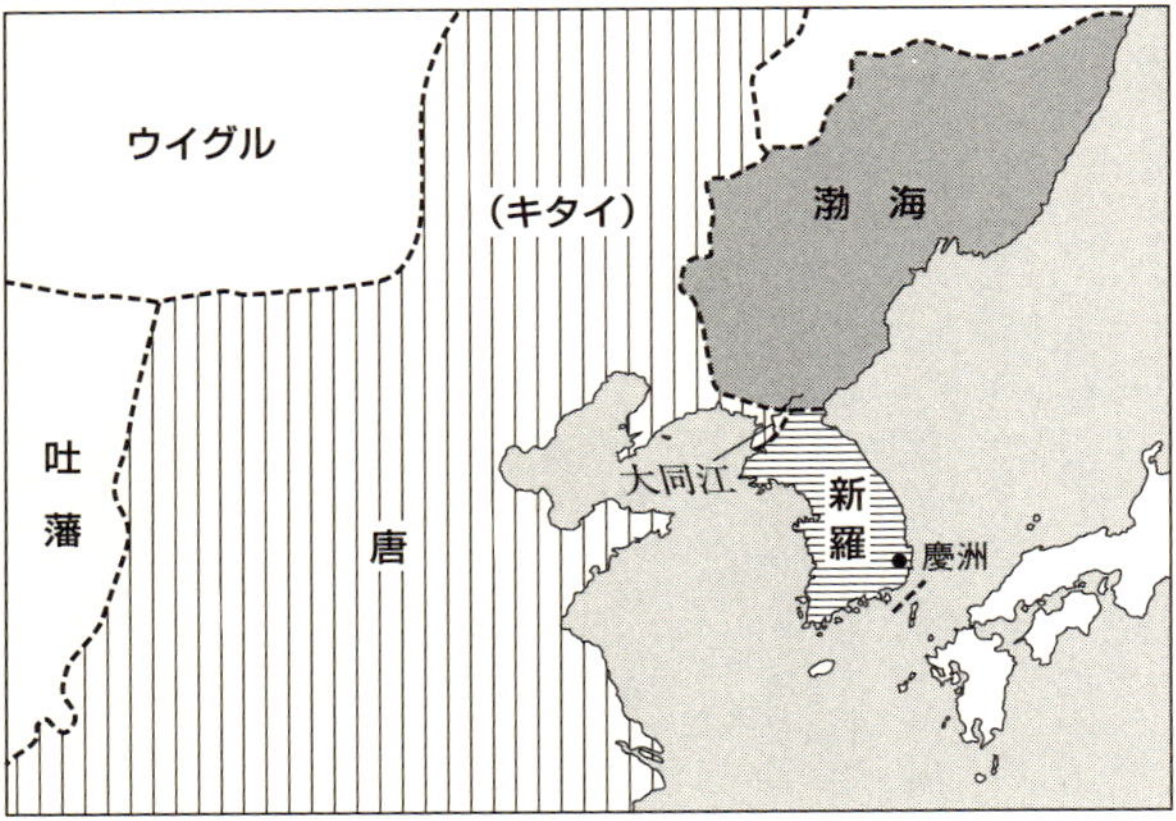

渤海は高句麗の後継者を自任し、満洲から朝鮮半島北部の一部を領域とし、東アジアの一勢力となる。

渤海が誕生した背景には、モンゴル高原東部にあった遊牧民族であるキタイ（契丹・契大）族の唐（この時期は、正確には武則天の「周」だが）への反乱がある。キタイは10世紀に「遼」という国を起こし、中国王朝を圧するが、この時期にそこまでの力はなく、唐に朝貢していた。

やがて唐に不満をもったキタイは、696年、唐に対して反乱を起こす。一時は唐の軍勢を破ったものの、結局、キタイの反乱勢力は滅亡する。この混乱のどさくさに立ち上がったのが、大祚栄《テジョヨン》（だいそえい）だ。

大祚栄は、高句麗の遺民とも、ツングース系の北方民族である靺鞨人《まつかつ》だったともいわれる。当時、高句麗の遺民は、営州《えいしゅう》（現在の中国遼寧省朝陽《りようねいしようちようよう》）に強制移住させられていたが、彼らは高句麗の故地《こち》への帰還を望んでいた。大祚栄は高句麗の遺民や靺鞨人らを率いて高句麗の故地へと移動、東牟山《トンモサン》（現在の中国吉林《きつりん》省敦化《とんか》市付近）に本拠を構えた。

大祚栄は、698年に自らの国を当初「震《チン》（振）」とし、つづいて「渤海」とした。唐帝国は、当初、渤海建国を認めず、軍勢を送り込み、阻止しようとしたが、国ができてしまうと、もはや討伐するにはコストがかかりすぎる。加えて、当時、唐帝国は大きくなりすぎて、国境線の備えは脆《もろ》く、そうは渤海にかまっていられない。渤海は713年に唐に朝貢、このとき「渤海」として認められている。

渤海は、高句麗の代わりとして登場したような国である。唐帝国も満洲に根を張る高句麗を滅ぼしたものの、満洲方面の安定を考えるなら、高句麗に代わる従属的な国家を欲しかった。だからこそ、渤海を認めたといえる。渤海は10世紀にキタイに滅ぼされるまで、およそ200年余りつづき、唐の文化を導入、一時は唐から「海東の盛国」とまで評価されるようになる。

渤海使

なぜ渤海は、日本と結んだのか？

渤海は、その登場から東アジアで孤独になりがちな国家であった。唐に朝貢したとはいえ、唐の脅威を感じざるをえない。さらに、朝鮮半島では新羅と対立する。渤海が朝鮮半島方面に南進をはじめると、新羅は危機感を抱き、北方の国境に長城を築き、渤海に対抗する。かつて高句麗と新羅はつねに争ったが、高句麗の後身といえる渤海と新羅も、領地を巡って対立の方向に向かっていったのだ。

渤海は、733年には唐と新羅の双方を敵とした戦争も体験している。前年、渤海が登州《とうしゅう》（山東半島）を攻めたのに対して、唐が怒り、新羅をも対渤海戦争に参加させたのだ。この戦いで、新羅は大きな犠牲を払っている。

東アジアで孤立しがちな渤海が選んだのは、日本との通交である。渤海は、727年に初めて奈良朝の日本に使者を送ったのち、都合32回も日本への使者を送っている。

渤海の目的は、日本を安全保障の後ろ楯とすることだった。渤海と対立する新羅は、唐と結んでいる。これに対して渤海は日本と結び、唐・新羅連合に対抗したのである。

朝鮮半島を巡っては、かつて「百済・日本連合」対「唐・新羅」という構図があったが、8世紀には「渤海・日本連合」対「唐・新羅」の構図に変わっていたのだ。朝鮮半島は、8世紀になっても、外国勢力の後ろ楯を求めつづけていたのだ。ただ、渤海と新羅が全面戦争に至ることはなかった。両国とも自重し、それが朝鮮半島の平和、外国勢力の流入阻止につながっていた。

唐の平和

唐帝国の圧倒的な時代に、なぜ新羅は領土の拡大に成功したのか?

8世紀は、東アジアでは唐帝国による平和が達成された時代である。たしかに唐には北方の突厥、チベットの吐蕃《とばん》、西方にはイスラム帝国といった強敵はいたが、東アジア方面に目を向けると、満洲に巨大な勢力はなかった。満洲の渤海は無理に唐に敵対することなく、新羅とも冷戦状態以上のものにはならなかった。これにより、朝鮮半島での平和が長く保たれたのである。

唐帝国の権威が東アジアにあった時代、新羅は領土の拡大にも成功している。733年、唐と渤海が紛争に陥ったとき、新羅は唐の要請で紛争に加わっている。このときの功労によって、唐は新羅の大同江《テドンガン》（だいどうこう）以南の領有を認めたのだ。新羅は、大同江付近に長城を築き、渤海の南下に備えている。

ただ、全盛を極めた唐帝国も、755年にはじまる安史の乱によって傾く。唐はしだいに逼迫《ひっぱく》していくが、東アジアでは唐の権威は長く保たれた。唐帝国が衰亡していく9世紀にあっても、朝鮮半島には強力な外敵が皆無だったのだ。

そんな平和のなか、新羅は8世紀半ば、景徳王《キョンドクワン》（けいとくおう）の時代に最盛期を迎える。慶州に仏国寺《ブルグクサ》（ぶっこくじ）が造営されたのも、彼の時代だ。

だが、景徳王の子・恵恭王《ヘゴンワン》（けいきょうおう）の時代になると、新羅にも劣化がはじまる。恵恭王は内乱によって殺害され、以後、内乱が相次ぐ。朝鮮史では、780年以降を「新羅下代」として、衰退の時代としている。

張保皐 東アジアに海運の時代を拓いた商人とは？

9世紀、日本の平安京政権は事実上、海禁政策をとりはじめ、日本人の海外渡航を認めなくなる。894年には、菅原道真によって遣唐使の事実上の廃止が決まる。日本の宮廷人は内向きになっていくが、この時代、東アジアの民間貿易はさかんになっていて、海商たちが日本、唐帝国、新羅の三国貿易を担っていた。とりわけ、有名なのが張保皐《チャンボゴ》（ちょうほこう）と呼ばれる人物だ。

張保皐は『続日本後紀《しょくにほんこうき》』（平安初期の史書）では「張宝高」と記され、朝鮮半島側の史料では「弓福《クンボク》」「弓巴《クンパ》（きゅうは）」とされる新羅人だ。彼は島の出身であるとされ、唐帝国に渡り、節度使の配下で認められる。新羅に帰国後、王に要請して、全羅南道《チョルラナムド》（ぜんらなんどう）・莞島《ワンド》に清海鎮《チョンヘジン》（せいかいちん）の開設を成功させる。彼はその清海鎮の大使となって、唐、日本、新羅を結ぶ貿易で巨利を得たという。

張保皐が生きた9世紀の新羅では、日本と違い、海外渡航がかなり自由だった。新羅では仏教がさかんであり、新羅の僧侶らは新たな学識を求めて、唐に渡っていた。東アジアの海域では人の流れが自由なところもあり、張保皐はカネとモノの流れを担ったのだ。彼ら海商の活躍もあって、海禁の日本にも唐や新羅の文物が流入していたのである。

後三国時代

新羅の衰亡を決定的にした朝鮮半島の戦国化

9世紀、新羅が衰弱していくと、朝鮮半島では新羅からの独立国家が生まれ、朝鮮半島内で争う「後三国時代」となる。かつて新羅、高句麗、百済が争った三国時代に対して、その後の三国時代という意味だ。

後三国時代を争ったのは、新羅、後高句麗、後百済だ。後高句麗、後百済は、ともに地方勢力であり、弱体化していた新羅は、地方勢力の独立に対して何もできず、かえって圧迫を受けていたのだ。

後百済を興したのは、甄萱《キヨヌオン》（けんけん）である。彼は尚州《サンジユ》（しょうしゅう）の農民であったが、やがて一大地方勢力となり、900年には完山《ワンサン》（現在の全羅北道《チヨルラプクト》・全州《チヨンジユ》）を都として後百済王を名乗るようになっていた。

一方、後高句麗を立ち上げたのは、新羅の王族であった弓裔《クンイエ》（きゅうえい）だ。彼は反乱を起こしていた梁吉《ヤンギル》（りょうきつ）の子分となり、やがては梁吉を倒して、頭目となった。901年には後高句麗《ゴコグリヨ》を建国、後高句麗は、こののち摩震《マジン》を名乗り、次には高麗《コリヨ》（こうらい）と改める。弓裔の部下だった王建《ワンゴン》（おうけん）は、新たな王朝・高麗の始祖となる。

3章 高麗建国・動乱期 なぜ北方遊牧民族の時代に、新羅・渤海は滅んだのか？

キタイの挑戦

満洲に出現した遊牧民族国家は、東アジア秩序の破壊者だった

10世紀、東アジアは大変動の時代を迎え、以後、数世紀にわたって、朝鮮半島は変動の嵐のなかに巻き込まれる。東アジアを大きく変えたのは、北方の満洲に強力な国家が誕生したからだ。まず最初がキタイ（契丹）である。つづいて、ジュルチン（女真）、さらにモンゴル帝国と、満洲を制覇した国が中国王朝を圧倒、朝鮮半島に強い圧力をかけはじめたのだ。

それまで長く、満洲は中国王朝の影響下にあり、満洲の国家が、中国中心の東ア

ジアの秩序に挑むことはなかった。隋・唐帝国と戦ってきた高句麗でさえもが、東アジアでナンバーワンになろうという野心はなかった。

だが、キタイ以後、満洲の覇者となった国家は違った。彼らは、中国王朝に対して、対等かそれ以上であるという自尊心をもっていた。彼らは中国中心の東アジア秩序を壊し、自らが世界の中心になろうとしたのだ。それまで中国周辺の遊牧民族は、中国大陸に進出するにつれ漢字を使うようになったが、キタイ以後の満洲・モンゴル国家は違った。彼らは、漢字とはべつの独自の文字をもち、中国文化に対抗さえした。その軍事力は、中国王朝以上だった。

満洲に、中国を見下すほどの強力な国家が誕生するなら、朝鮮半島はふたつの脅威に対処しなければならなくなる。これまで長く、朝鮮半島国家は、西方の中国王朝に服した格好にすればよかった。中国王朝は満洲も監視してくれたから、朝鮮半島の北辺の脅威は小さかった。満洲に強力な国家が誕生すると、そうした朝鮮半島の安全保障が根本的に崩れてしまったのだ。

しかも、中国大陸では、875年からの黄巣《こうそう》の乱によって、唐帝国は有名無実化していた。907年、唐帝国は節度使であった朱全忠《しゅぜんちゅう》によって滅ぼされ、朱全忠は後梁《こうりょう》を建国する。後梁は安定政権とはいえず、中国大陸では、地方政権が乱立、中央王朝もころころ代わる五代十国の時代に突入した。中国大陸王朝の力の低下、満洲国家の強大化によって、朝鮮半島はこれまでにない外交を経験しなければならなくなる。

満洲に大勢力をもったキタイは、もともとモンゴル高原の東部、満洲の西部ともいえる遼河《りようが》上流域で遊牧・狩猟を営んでいた。渤海の建国時には、唐帝国相手に戦争もしている。キタイを抑えつけていたのは、モンゴル高原にあったウイグルだったが、ウイグルが弱体化していくと、キタイはその隙に勢力を広げる。

ヤリツアボキ（耶律阿保機）は、キタイの8部族を統合、キタイは強力な国家としてまとまり、９１６年に中国式に「遼」を名乗って建国した。ヤリツアボキは、遼の皇帝となり、遼の太祖とも呼ばれる。東アジアに「皇帝」を名乗る存在が、中国王朝以外にも登場、複数の皇帝が争う時代になったといってもいい。ヤリツアボキの遼帝国は北中国にも侵攻、五代十国の後梁、前晋を圧した。

キタイの登場は、東アジアでは画期的な事件であった。中国王朝とも伍する軍事勢力の出現は、周辺民族には刺激的であった。日本では、関東の平将門《たいらのまさかど》がヤリツアボキの事跡に感銘を受けている。彼は平安京の朝廷に対して反乱ののち、自らを「新皇」と名乗っている。これは、ヤリツアボキが中国王朝に対抗して皇帝を名乗ったのを真似たものだ。東アジアには、武人の時代が到来しようとしていた。新興の強国・キタイは中国大陸に狙いをつけていたが、その一方、満洲全土も視野にあった。渤海の運命は、風前《ふうぜん》の灯《ともしび》となった。

渤海滅亡

キタイの侵攻の前に、朝鮮半島の北辺の安定が完全に失われた

満洲にキタイの勢力が強大化していくと、朝鮮半島には緊張がはしりはじめる。当時、朝鮮半島では高麗（後高句麗）、新羅、後百済が争う後三国時代に突入していた。そのうち、新羅と高麗はキタイの台頭に敏感であり、９１５年には入貢《にゅうこう》している。渤海もまたキタイに朝貢したのだが、キタイは渤海に圧力をかけつづける。

９２５年、キタイの遼帝国は渤海に対して大攻勢をかけ、９２６年に渤海は滅亡する。渤海の民は遼を恐れて、朝鮮半島を南下、高麗へと流入していった。結果的に、高麗は渤海の民の力を得て、強大化、朝鮮半島を統一するに至る。

渤海の滅亡は、朝鮮半島が北の軍事強国・遼帝国と接することを意味した。朝鮮半島では、新たな外交が迫られていたのだ。

一方、渤海を滅ぼした遼帝国は、中国大陸の王朝に強い影響力をもちはじめる。

遼帝国は五代十国の後唐を圧迫、後唐の王族・石敬瑭《せきけいとう》の要請を受け、後唐を滅ぼす。遼の支援によって、石敬瑭は後晋を建国するが、その代償として、９３６年、燕雲《えんうん》十六州（河北省・山西省の一部、北京も含む）を遼に割譲《かつじょう》せねばならなかった。遼は、北中国の一部をも版図とする帝国となったのだ。以後、五代十国の王朝、これにつづく宋帝国は、燕雲十六州の奪回に苦しむ。

キタイの勢力は広く知れ渡り、ロシアでは中国を「キタイ」と呼ぶようになる。現在、香港を拠点とする「キャセイ・パシフィック航空」の「キャセイ」もまた、キタイが英語化したものだ。キタイは厳密には中国王朝ではないが、欧州やロシアでは、中国を代表する帝国と見なされるほどだったのだ。

王建

渤海の移民をとり込み、朝鮮半島統一に成功した男

キタイが満洲で強大化していくなか、朝鮮半島で、新羅、後高句麗、後百済の争う後三国時代は終わりに向かう。まず滅びたのは、新羅である。甄萱《キョヌオン》に率いられた後百済の軍は新羅に侵攻、９２７年、王京（慶州）を陥落させる。新羅の景哀王《キョンエワン》は捕らえられ、死に追いやられた。

一方、後高句麗では主役が交代する。もともと後高句麗は、国号を摩震《マジン》としてきた。摩震を建国したのは弓裔だが、918年、彼の部下であった王建《ワンゴン》（おうけん）は彼を追い落とし、自らが王になる。彼は、自らの国を高麗としたのだ。

高麗と後百済は、互角の戦いを繰り返す。一時は、後百済が高麗に圧勝したこともあったが、高麗が盛り返す。高麗は935年に新羅を降伏させ、翌936年に後百済を滅ぼし、ついに朝鮮半島を統一した。王建が建国した高麗は、新羅につづいて朝鮮半島を統一した国家になったのだ。

高麗が朝鮮半島を統一しえたのは、ひとつには他国の有力者の受け入れに積極的だったからだ。新羅が滅びゆくとき、高麗は新羅の実力者たちを歓迎した。また、キタイによって渤海が圧倒され、滅亡に至る過程で、渤海の民は高麗へと逃れた。高麗は彼らも受け入れ、貴重な戦力としていったのだ。

ただ、高麗対後百済の抗争は、後世に禍根《かこん》を残した。王建は、後百済の根拠地であった全羅道《チョルラド》出身者を政権に入れないよう指示した。王建の全羅道排除の意識は、長く朝鮮半島に残り、全羅道出身者は日陰者扱いされ続けた。20世紀の韓国にもそれは残り、金大中《キムデジュン》（きんだいちゅう）が大統領になるまで、全羅道受難の歴史が続いていたのだ。

科挙

なぜ高麗は、エリート養成システムを確立させたのか？

王建によって建国された高麗だが、初期には王権は不安定だった。というのも、王建の子らが王位を巡って争い、２代王、３代王は即位して数年で王位を追い落とされている。ようやく４代王の光宗《クァンジョン》（こうそう）の時代になって、高麗の体制は整えられていく。

光宗の政策は、科挙の導入と官制の整備である。すでに中国大陸では、唐帝国の時代に科挙システムが一般化していた。科挙では、難易度の高い試験に合格した者が官僚となり、国王に仕える。学問によるエリート選抜システムであり、これはのちにフランスをはじめヨーロッパの有力国にも導入されたし、明治の日本でも学力による選抜システムを採用、現在に至る。高麗の光宗は、10世紀に中国大陸の科挙システムの導入を決意したのである。

科挙システムは、たんなるエリート選抜システムにとどまらない。多くの実力者たちに国王を崇拝させ、統治を安定させるシステムとしても期待された。科挙のテキストといえば、儒教の経典である。科挙受験者は儒教の経典を丸覚えせねば、困難な試験に合格できない。全国各地の秀才、英才たちには、科挙受験の過程で儒教の精神が根付く。儒教といえば、君臣の上下、長幼の序を強く説くものであり、為政者には都合のよい学問という側面がある。だからこそ、江戸幕府も儒教を重視したのだが、高麗もまたそこに期待していたのだ。

高麗は、仏教を大切にした国でもあった。それは、この時代の東アジアでは大きな潮流となっていたが、科挙システムに儒教テキストを採用したことで、仏教とともに儒教も浸透する。これにより、朝鮮半島が儒教国家となる基盤ができていたのである。

科挙に合格した文官は、「文班《ムンバン》」となる。一方、武力を担当する「武班《ムバン》」もあった。文班、武班を合わせて「両班《ヤンバン》（りょうはん）」と呼ばれ、豪族を凌《しの》ぐエリートとなった。それは野心と能力のある者に栄達のチャンスを与えるとともに、李氏朝鮮時代になると厳しい身分制の温床にもなっている。

キタイの脅迫

なぜ高麗は、親宋と親キタイの間で揺れ動いたのか？

建国以来、高麗の課題といえば、キタイの遼帝国対策である。もともと新羅をは

強大なキタイに押される高麗（10世紀）

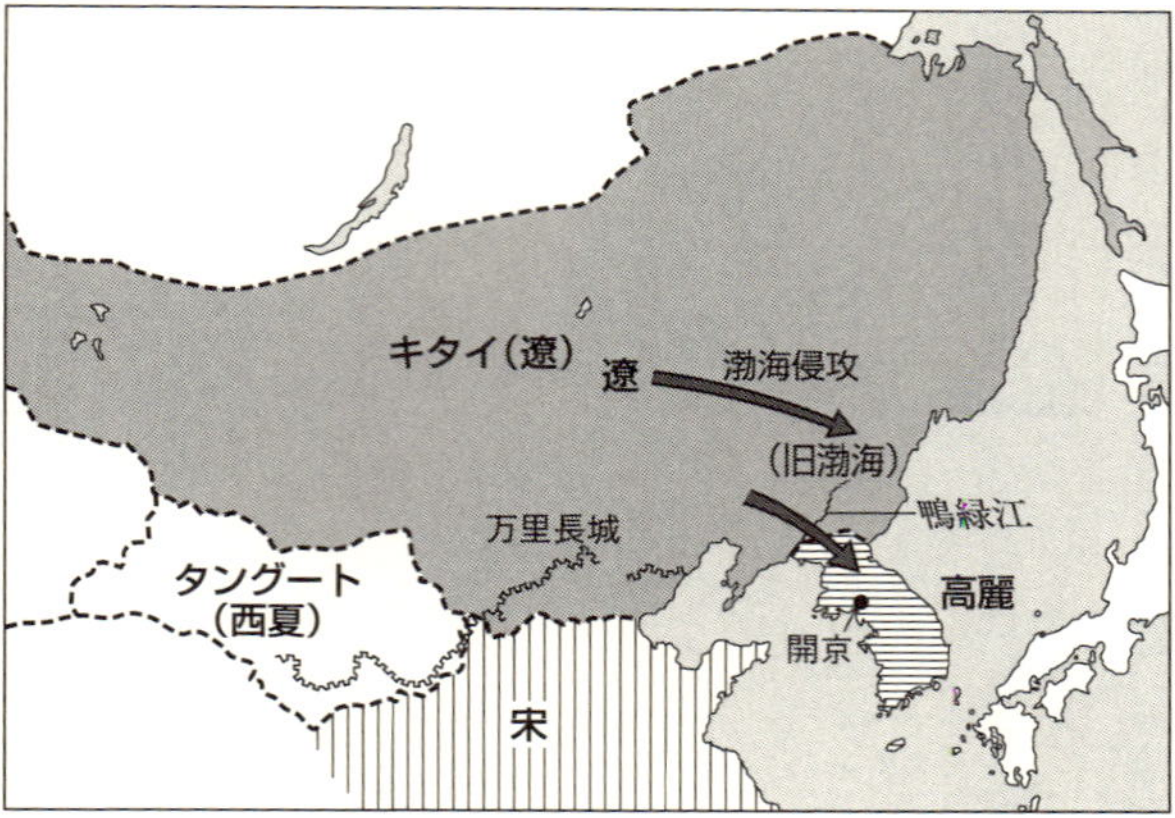

じめ朝鮮王朝は、中国王朝に朝貢してきていて、モンゴルから満洲を制覇した勢力に朝貢する筋合いはなかった。さらに高麗は、朝鮮半島統一以前から北に侵攻する野心をもっていた。中国大陸は五代十国の混乱にはいっていたから、中国王朝は高麗の北進行動を黙認するしかないだろう。その北進路線は、渤海を滅ぼした遼帝国を刺激するものでもあった。

キタイと高麗の大きな接触は、942年である。キタイは高麗に使者を派遣、通交を求めたが、高麗の王建は拒否している。このとき、王建は、キタイの使者を島流しにしたというから、高麗はキタイに対して強気であった。王建にすれば、キタイは渤海を滅亡させた「無道な国」

にすぎなかった。

高麗は、キタイと接触する以前から、五代十国時代の中国王朝と通交してきた。キタイに滅ぼされた後唐からは冊封《さくほう》を受けてもいる。960年、中国大陸では後周を消滅させた宋帝国が勃興、中国大陸を統一する。高麗の光宗は宋帝国の権威を頼り、963年には宋から冊封を受けている。高麗は、中国王朝中心の東アジア秩序を支持したのである。

だが、キタイの遼帝国は宋帝国以上の武力をもっていた。遼の全盛期は聖宗の時代であり、1004年には宋と澶淵《せんえん》の盟約を交わしている。この盟約では宋を兄とし、遼を弟とした。形式的には宋が遼の上位に立ったのだが、宋は毎年、遼へ多額の歳幣《さいへい》を贈らねばならなかった。実質は、宋はカネの力によって遼の軍事侵攻を押しとどめ、平和を買ったようなものである。宋は、遼に奪われたままの燕雲十六州の奪回を断念せざるをえず、このあとタングート（党項とも呼ばれるチベット系民族）が建国した西夏にも同様の約束をしなければならなかった。

遼が宋を押し黙らせようとする時代、遼は高麗に武力侵攻をかける。993年の第一次侵攻を受けて、高麗内部では宋をとるかキタイをとるかで割れる。キタイの要求は清川江《チヨンチヨンガン》以北の占領であったが、高麗もまた、この地を支配しようと欲していた。高麗内部では紛糾のすえ、ついに宋を捨てて、キタイの遼帝国の冊封を受けることを決断した。

ひとまず遼を満足させた高麗だが、領土拡大の野心は捨てきれなかった。翌994年、高麗は清川江以北、鴨緑江《アムノツカン》（おうりょっこう）までを支配下に置いた。

この地は、江東6州とも呼ばれる。高麗の江東6州占拠は、遼帝国の高麗侵攻を招くことになる。

その口実は、やってきた。1009年、高麗では康兆《カンジョ》という家臣が国王を殺し、新たに顕宗《ヒョンジョン》（けんそう）を即位させる政変があった。冊封国で起こった流血事件は、宗主国・遼にとっては内政干渉の口実となった。1010年、遼の皇帝・聖宗が直接軍を率いて高麗領内に侵攻、政変の首謀者・康兆を殺害、首都・開京《ケギョン》（かいきょう）を焼き討ちにした。国王・顕宗は、南の羅州《ナジュ》まで退避しなければならなかった。高麗は国王・顕宗自らの遼への朝貢を約束し、遼軍を撤退させている。

高麗の屈伏

なぜ遼軍を破りながらも、遼への臣従を選んだのか?

遼帝国の侵攻に、高麗の国王・顕宗は自身の朝貢を約束したものの、病気を理由

新興のジュルチンと北辺を争う高麗（11世紀）

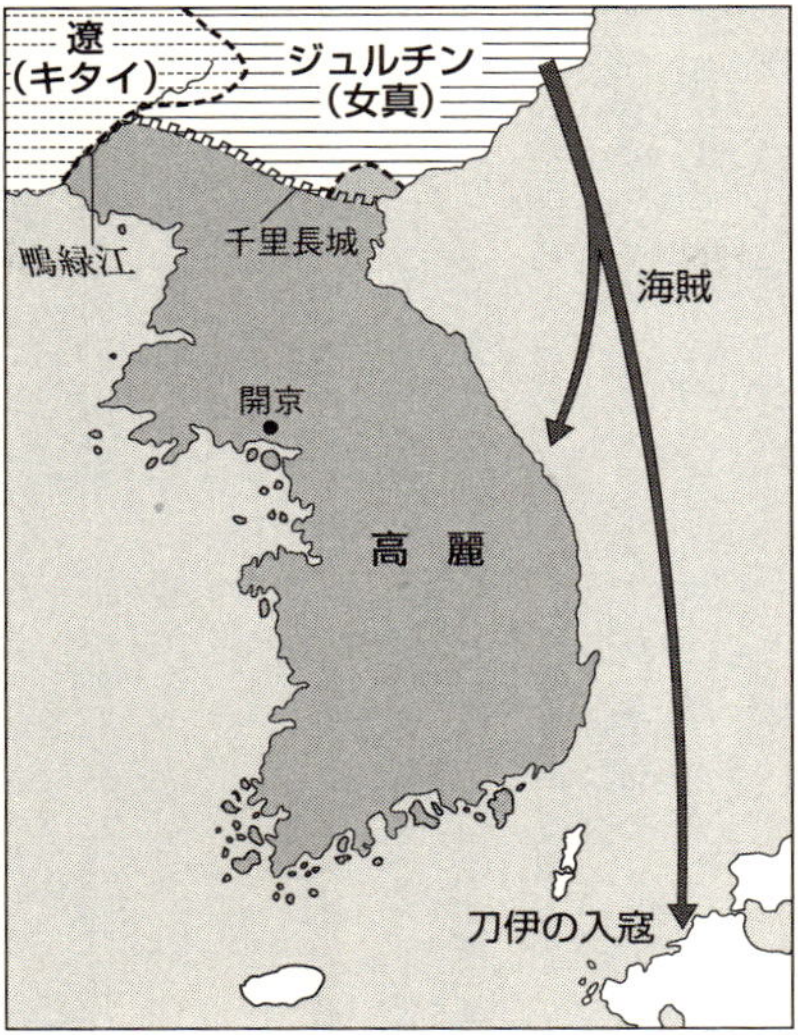

に実現を先延ばしにしてきた。そればかりか、ついにはこれを断固として拒否するようになる。その背景には、宋との通交があった。1014年、高麗は宋との関係を復活させ、遼の冊封体制から離脱した。これに対して、遼は背信を詰《なじ》り、高麗への侵攻を繰り返し、1018年にも侵攻する。

この侵攻に対して、高麗の軍勢は清川江より北の亀州《クジュ》（亀城《クソン》）で迎撃、遼軍を打ち破る。それは、歴史的大勝利とされる。

だが、それにもかかわらず、高麗は1022年に遼帝国に屈伏し、ふたたび冊封を受ける。一度の勝利くらいでは大勢は変わらず、遼の圧力は変わらなかった。高麗は遼に抵抗しても、アテにしている宋は、遼に対する戦意がない。高麗が孤立したまま遼と戦うには、限界があった。

また、東方の勢力である日本は頼りにならなかった。高麗は10世紀に数度、日本の平安京政権に使者を送り、通交を求めていたが、平安京の貴族たちは内向きであり、朝鮮半島情勢には興味がなかった。

1019年、日本では刀伊《とい》の入寇《にゅうこう》という事件が起きている。当時、満洲にあったジュルチン（女真）族が朝鮮半島の海岸部を荒し回るようになり、ついには対馬・壱岐を経由して博多湾を襲った。彼らは日本人を攫《さら》っていったのだが、後日、高麗側は彼らを捕らえる。高麗は、拉致された日本人を日本へと送還もしている。それは高麗側の単純な好意でもあれば、日本への期待であったとも思われる。

遼の圧力を受けつづける高麗は、日本にかすかな期待をかけたのかもしれないが、日本側はつれなかった。

遼に屈した高麗は、こののち北辺に千里《せんり》長城《ちょうじょう》を築いている。鴨緑江河口から日本海側の永興《ヨンフン》に至り、1044年に完成している。ただ、千里長城は、こののち、満洲・モンゴルの勢力にたびたび抜かれてしまっている。

遼帝国との関係は、見方を変えれば、高麗は遼帝国に屈し、冊封を受けることによって、安全保障を確立させたともいえる。この時代、高麗にとって脅威といえば、北方の遼しかないのだ。遼の体制に服しているかぎり、高麗の安全は守られた。高麗は11世紀後半には宋との関係を復活させているが、遼は黙認していたと思われる。宋と通交しようと、遼の冊封を受けているかぎりは、遼としては問題がなかったのだ。11世紀が、高麗の全盛期ともなっている。

ジュルチン

なぜ新たな敵への臣従が屈辱となったのか?

12世紀初頭、高麗は満洲方面で新たな勢力の挑戦を受けはじめる。ツングース系のジュルチンが力をつけ、国境を脅かすようになったからだ。

ジュルチンはジェシンともいい、漢字では「女真」、あるいは「女直」と記し、半農半牧を生業としてきた民族だ。のちに17世紀、満洲からモンゴル高原、中国大陸、チベットにまたがる清帝国を打ち立てるのも彼らだ。もともと満洲の松花江《ソンホワンチン》（しょうかこう）の中流域に居住、ひところまで彼らの勢力は弱かった。彼らは、遼帝国に支配される身であった。

ジュルチンは、高麗には朝貢の形をとって交易してきた。高麗からすれば野蛮人であり、夷狄《いてき》と見下してきたところがある。11世紀初頭に日本でおきた刀伊の入寇

ジュルチン（金）に冊封された高麗（12世紀後半）

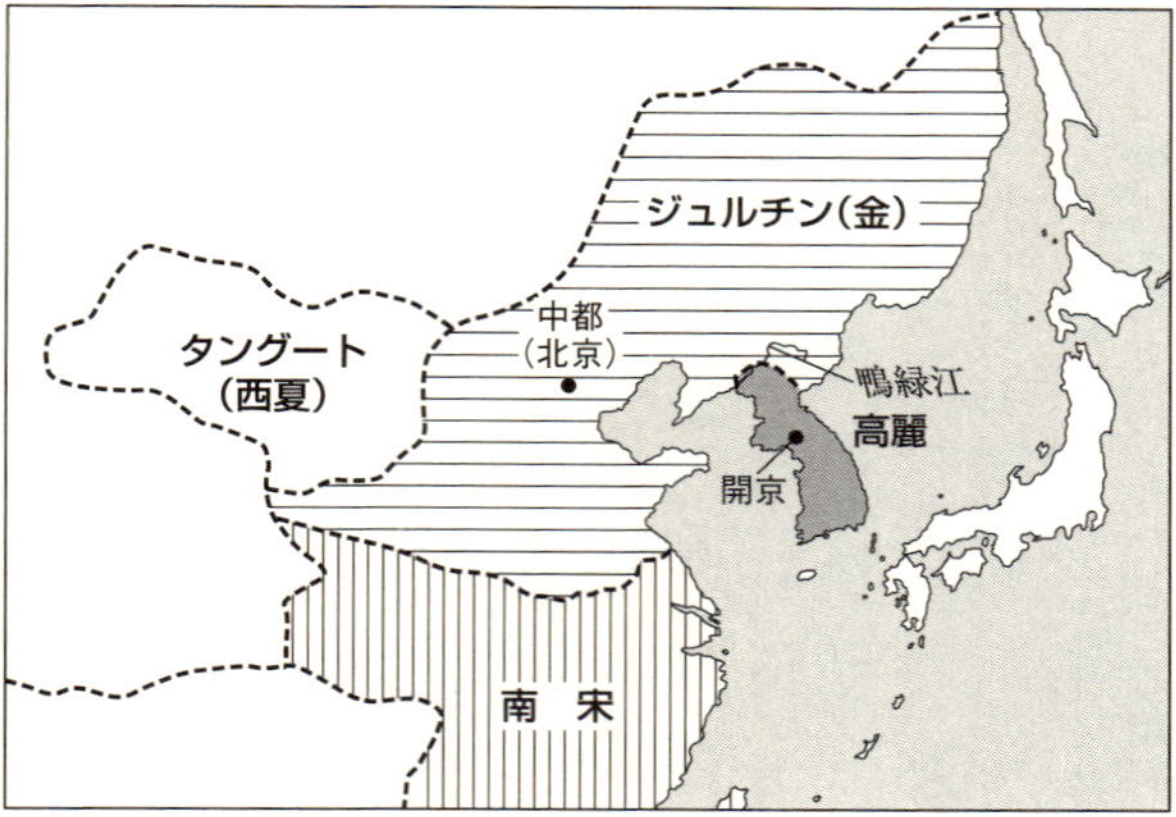

について先述したが、「刀伊」とはジュルチンの海賊であった。「刀伊」は、高麗人の話す「夷狄（トェ）」の音を日本人が漢字で当てたものだ。

11世紀も後半になると、バラバラだったジュルチン内部に統一の流れが生まれ、高麗も北辺の防備を固めなければならなくなってきた。高麗軍は国境を越えてジュルチンと戦うが、敗退してしまう。これを受けて、高麗は軍事体制を強化、1107年にはジュルチン領内に侵攻、咸興《ハムン》平野一帯に9つの城を築き、対ジュルチン防衛の前線とした。

だが、ジュルチン側の反撃に高麗は押され、ついには9つの城のあった地帯を放棄するまでになる。

ジュルチンを飛躍させたのは、ワンヤン（完顔）部のアクダ（阿骨打）である。彼はジュルチンを統一、1115年には金帝国を樹立した。それは、これまでジュルチンを支配してきた遼帝国への挑戦となった。

1125年、金の勃興をみた中国大陸の宋帝国は、遼打倒のため、金と連携、金・宋の軍勢は、遼を滅亡させる。その2年後、金帝国は宋を打ち破り、上皇であった徽宗《きそう》や皇帝・欽宗《きんそう》を捕らえて、北方へと連れ去る。宋はいったん滅亡、王族は江南に逃れ、南宋を建国する。中国大陸では、北中国を支配する金帝国と南中国の南宋の対立する時代となった。

北中国をも支配した金帝国は、高麗に対して服従を求める。高麗はこれまでジュルチンの朝貢を受ける側であり、彼らを見下してきた。そんな勢力の下剋上に遭い、高麗は朝貢しなければならない立場となった。高麗内部では対立もあったが、1128年には高麗は金帝国の冊封下に入った。

この時代、南宋は高麗にとってまったく頼りにならない存在であった。金帝国と対立する南宋との連携は、金帝国を怒らせ、国を危うくするものだった。南宋はしばしば高麗に使者を送り、提携を求めているが、高麗はこれを拒絶している。高麗の安全保障は、北方の軍事強国・金帝国にかかっていたのだ。

4章

なぜ高麗は、モンゴルの日本侵攻に積極的に加担したのか?

高麗服従期

武臣政権

東アジアの武人の時代に現れた、高麗の新勢力

10世紀以後の東アジアでは、新興の武人が台頭し、貴族化した旧い勢力を打ち倒し、自らが政治の中心となっていく時代を迎えた。東アジアでは、遊牧民族のキタイが遼帝国を打ち立て、中国王朝を圧迫、つづいては満洲のジュルチンが金帝国を建国、いったんは宋を滅ぼした。日本列島では、10世紀に関東で武士の頭目・平将門《たいらのまさかど》が平安京に逆らい、独立国を目指した。12世紀には平家、源氏の武家勢力が戦乱を通じて強大化、朝廷から権力を奪うほどになった。

そうした武人の時代の激動は、朝鮮半島でも起きていた。朝鮮半島でも12世紀後半、ちょうど平家の台頭した時代、武臣政権が誕生していたのだ。

武臣政権は、武臣側の文臣に対するクーデターによって生まれる。1170年、国王・毅宗《ウイジョン》（きそう）が開京《ケギョン》付近の寺院に行幸《ぎょうこう》の折だ。その隙をついて、鄭仲夫《チョンジュンブ》（ていちゅうふ）をはじめとする武臣が軍人とともに、宮廷内外の文臣らを殺害する。彼らは、毅宗を廃して、明宗《ミョンジョン》（めいそう）を新たに国王に擁立したのだ。これは、「庚寅《こういん》の変」と呼ばれる。

庚寅の変以後、高麗では国王を支える宰相に、文臣に代わって武臣が就任するようになった。以後の高麗は、武臣政権の時代となったのだ。

武臣政権の誕生は、これまでキタイやジュルチンの軍事圧力を受けてきた結果でもあれば、高麗内部の対立によるものでもあった。これまで高麗では、文臣は武臣より優越した立場にあり、文臣は武臣に侮蔑《ぶべつ》的でさえあった。その一方、文臣はその能力が高いとは言い難かった。対キタイ戦、対ジュルチン戦の高麗軍の最高指揮官は文臣らであった。彼らは敗れ、高麗が屈辱を受けてきたのも事実だ。武臣側のクーデターには、屈辱を晴らす意味も、国防を確立する意味もあったのだ。

武臣の時代は、朝鮮半島では珍しい下剋上《げこくじょう》の時代でもあった。軍人として能力を発揮するなら、政権の中枢を狙えたのだ。武臣に仕えていた者が出世して、政権を握ることもできた。

武臣政権の中枢に座ったのは、崔《チエ》（さい）氏である。1196年、崔忠献《チエチユンホン》（さいちゅうけん）は政敵を倒し、政権を握る。崔忠献は文臣を復権させ、武臣と文臣を対等とし、政権の安定を図った。以後、崔一族が4代62年にわたって、武臣政権の中枢にあり、崔政権と呼ばれる。崔政権は、高麗国王の座をたびたび替えていた。明宗を廃して神宗《シンジヨン》を国王に立てたり、次の代の熙宗《ヒジヨン》を廃位し康宗《カンジヨン》を擁立するなど、国王の地位は軽かった。権力に未練のあった毅宗は、武臣政権に殺されている。

崔氏の政権は、これまでの高麗国軍とは別系統の私兵軍事組織を生み出してもいる。騎馬部隊である馬別抄《マビユルチヨ》、盗賊取締部隊の夜別抄《ヤビヨルチヨ》であり、夜別抄はのちに三別抄《サムビヨルチヨ》（さんべつしょう）と呼ばれる軍事組織になる。

崔政権の時代は、日本の鎌倉幕府・北条政権の時代とかなり重なる。ともに国王（日本では天皇、将軍）を打ち倒すことまではしなかったが、国王の首を代えることができたのだ。

そして、北条政権がモンゴル帝国によって試されたのと同じく、崔政権もモンゴル帝国問題に直面する。

モンゴル帝国

なぜ世界最強の帝国は、朝鮮半島に目をつけたのか？

朝鮮半島の中世にあって、最大の脅威となりつづけ、半島国家を変質させていったのが、モンゴル帝国だ。モンゴル帝国は、モンゴル高原から興った世界最強の遊牧民族国家である。

モンゴル高原にはモンゴル系諸部族があったが、部族はまとまりきらないまま、長い時間を過ごしてきた。ジュルチンの金帝国が遼を滅ぼすと、モンゴル高原は金の監視下に入った。そんななか、金と南宋が対立する隙をついて、モンゴル高原の部族を統一したのが、テムジンだ。1206年、テムジンはチンギス＝ハンの称号を受け、モンゴル帝国が正式に誕生した。

モンゴル帝国は誕生するや、精力的に征服活動を展開する。1209年、タングートの西夏を屈伏させたあと、モンゴル帝国最大の狙《もろ》いは、北中国を支配する金帝国となる。金もモンゴル帝国の攻勢の前に脆く、金の中都（現在の北京）は陥落する。金は風前《ふうぜん》の灯《ともしび》となったが、こののち、チンギス＝ハンは遠征方向を変えて、西方遠征を企画する。1218年には中央アジアのカラ・キタイ（西遼）を滅ぼし、12

はじめるのは、そんな時代であった。

まずは、朝鮮半島はモンゴル帝国に追われた勢力の逃げ込み場となる。北東アジアにあって、モンゴル帝国の前に北中国、満洲には逃げ場がなく、朝鮮半島は最後の逃げ場となった。1216年にはモンゴルに追われたキタイ人の集団が朝鮮半島に侵入、一時は開京に迫った。1218年にもキタイ人集団が朝鮮半島に流入、これを追ってモンゴル帝国の軍団も朝鮮半島に到来していたのだ。このとき、モンゴル帝国と高麗は兄弟関係の盟約を結んだ。

兄弟関係の盟約を結んだかぎり、モンゴル帝国は高麗より上にある。モンゴル帝国は高麗に貢ぎ物をたびたび要求、これに高麗は不満を募らせていた。1225年、モンゴル帝国からの使者が鴨緑江付近で何者かに暗殺される事件が起きると、これを機に、いったん高麗はモンゴル帝国と縁切れとした。西方遠征に集中しているモンゴル帝国には、朝鮮半島に時間をかける余裕はなかったのだ。

モンゴル帝国がふたたび朝鮮半島に介入してくるのは、1229年にハン（君主）に即位したオゴタイの時代からである。オゴタイの時代に、モンゴル帝国は、西方ではロシアからポーランドを攻めたてる。その一方、弱体化した金帝国に大攻勢を仕掛け、1234年に滅亡に追い込んだ。モンゴル帝国は、金攻略時に別動隊を朝鮮半島に差し向け、1231年に侵攻している。モンゴル帝国は、かつての使者殺害事件を覚えていて、これを侵攻の口実としたのだ。

モンゴル帝国の侵攻の前に、開京が危機に陥ると、高麗はここで和議を結ぼうとする。モンゴル帝国のダルガチ（監督官）の駐留受け入れが、条件であった。高麗はこれを呑むが、翌1232年、ダルガチが殺害される事件が起きると、モンゴル帝国はふたたび侵攻する。以後、高麗はモンゴル帝国の侵攻をたびたび受けるようになる。

江華島遷都

なぜモンゴル帝国は、たびたび朝鮮半島に侵攻してきたのか？

2度にわたるモンゴル帝国騎兵の襲来によって、高麗の崔氏武臣政権が選択したのは、1232年の江華島《カンファド》（こうかとう）への遷都《せんと》である。江華島は、漢江《ハンガン》河口、京畿《キョンギ》（けいき）湾に浮かぶ小島である。島の周囲の潮流は激しく、海を知らない者には容易には島に渡れない。海の戦いの経験のないモンゴル騎兵に、江華島侵攻は不可能であろうと考えたのである。江華島に置かれた暫定《ざんてい》首都は、江都《カンド》（こうと）

と呼ばれた。

江華島遷都は、高麗のモンゴル帝国への抗戦姿勢の表れである。国王を生け捕りにされないかぎり、高麗は屈したことにならない。そのため、国王は絶対安全に近い江華島まで退避したのである。

それは逆にいえば、高麗の民と国土の防衛を半ば放棄したということにもなる。国王は江華島に逃れて安全かもしれないが、高麗の地はモンゴル騎兵に荒らされるがままになってもしかたないという戦術である。さらにいえば、国王が無事であってこそ、崔氏は政権を維持できる。崔氏の武臣政権は、自らの地位を守るため、国民、国土を見捨てたともいえる。

モンゴル帝国の侵攻に対して、高麗を守るのは、高麗国軍ではない。高麗軍はすでに形骸化《けいがいか》、崔氏の私兵である三別抄がモンゴル騎兵相手の主力となった。ただ、三別抄の兵力では、世界最強のモンゴル帝国相手には限界があるのもたしかだった。江華島遷都ののちも、モンゴル帝国はたびたび朝鮮半島に襲来した。モンゴル帝国はしだいに侵攻の前線を南下させ、朝鮮半島で物資を略奪し、多くの人を連れ去った。

モンゴル帝国の侵攻が散発的に繰り返されたのは、モンゴル側の事情による。ひとつには、モンゴル帝国では新たにハンが即位すると、それを記念、祝うかのように征服、収奪事業を展開するのがつねだった。モンゴル帝国のハンが交代するたびに、朝鮮半島も侵略、収奪事業の対象となったのだ。

また、モンゴル帝国が朝鮮半島を征服事業の小さな終点とみていたことも、散発的な襲来がつづいた原因と思われる。その先に征服対象がないと思っていたから、大規模侵攻とはならず、散発的な侵攻にとどまっていたのだ。

モンゴル帝国は、降伏させた国の兵士を新たな征服事業の戦力として最前線に投入する手法を常套《じようとう》としてきた。たとえば、金帝国を滅ぼしたなら、金の戦力を南宋征服に投入する。降伏した国が新たな前線の戦力になるのだから、モンゴル帝国は版図《はんと》を次々と広げることができたのだ。

モンゴル帝国が朝鮮半島を東の征服の終点とみていたのは、彼らが朝鮮半島の先にある日本列島の存在を知らなかったからだろう。もし日本列島の存在を知っていたなら、朝鮮半島征服を急ぎ、高麗を日本征服の尖兵《せんぺい》にしただろう。知らないからこそ、朝鮮半島征服を急ぐ必要がなく、むしろ金を滅ぼしたのちは、南宋攻略が最大の課題だった。モンゴル帝国が完全征服を急がなかったがために、高麗はモンゴル騎兵に荒らされつづけたのだ。

モンゴルへの臣従

なぜ高麗は、江華島を捨てて屈伏を選んだのか?

1231年以後、モンゴル帝国の高麗侵攻は相次ぎ、高麗はその圧力を受けつづけた。1257年の侵攻では、モンゴル側は高麗王族のモンゴル朝貢を条件に、侵攻の中止を提案する。

徹底抗戦を打ち出していた崔氏政権の高麗だが、宮廷はこれに動揺する。高麗にモンゴル帝国に打ち勝つ力はなく、高麗人のなかには、何も守ってくれぬ高麗王朝を見捨て、モンゴル帝国に従おうとする者も出はじめてきた。さらに、モンゴル軍は船舶を利用しての江華島攻撃さえはじめていた。高麗宮廷では講和派が台頭、1258年、崔氏政権を打ち倒した。

崔氏排除により、高麗宮廷では講和派が主導をとり、高麗はモンゴルへの屈伏を決断する。モンゴル帝国の要求どおり、江華島の都を捨て、開京に都を戻すことも約束した。と同時に、太子の倎《チヨン》（てん）をモンゴル帝国へ仮寓《かぐう》させた。太子はいわば人質のようなものであり、モンゴル帝国に預けられることになった。やがて父・高宗《ゴジヨン》（こうそう）が死没すると、帰国、モンゴル帝国から冊封を受けて、元宗《ウオンジヨン》（げんそう）として即位した。

元宗が即位したのは、モンゴル帝国でクビライがハンとして即位した時期と重なる。1260年にハンとなったクビライは、当初は高麗に宥和《ゆうわ》的であったが、しだいに強硬となる。モンゴル帝国は、高麗国王の出頭、太子の仮寓、戸籍の提出、物資の供出、ジャムチ（駅伝）の設置、ダルガチ（監督官）の設置などを要求する。これらの条件は、高麗がモンゴル帝国の直接の統治を受けないにせよ、間接的に管理下に組み込まれるようなものであった。ジャムチはモンゴル帝国に張り巡らされた交通網であり、高麗もモンゴル帝国の大商圏に組み入れられたのだ。

また、モンゴル帝国は、鉄嶺《チヨルリヨン》以北、朝鮮半島の東北部を奪い、さらには、慈悲嶺《チヤビリヨン》以北、つまりは朝鮮半島の西北地域を東寧府《とうねいふ》として編入している。東寧府はのちに返還されたものの、高麗は、その領土を削られていたのだ。

忠烈王　なぜ積極的にモンゴル帝国の宮廷入りを図ったのか？

モンゴル帝国と高麗の関係を決定づけたのは、高麗の忠烈王《チユンニヨルワン》（ちゅうれつおう）である。彼は元宗の子であり、モンゴルに預けられ、育った。忠烈王はモンゴル帝国に忠誠を示し、これによりモンゴル帝国と高麗の関係は安定化した。そればかりか、彼の努力によって、彼ののちの歴代高麗国王はモンゴルの宮廷人としてふるまえるようになり、高麗の国際的な地位が向上した。

忠烈王がクビライに望んだのは、クビライの娘の降嫁《こうか》であった。モンゴル帝国には有力な部族と通婚する風習があり、モンゴル王族の一員になろうものなら、グレゲン（駙馬《ふば》）と称され、高い地位を獲得できる。それは、モンゴル帝国内での高麗の地位を高めるとともに、高麗の安全保障にもなるのだ。

ただ、クビライはこれをすぐには認めず、高麗のたしかな帰順を見極めようとしていた。高麗は服属してはいたが、その内実は揺らいでいた。国内では、武臣の林衍《イムヨン》（りんえい）が国王・元宗を廃して、王弟を国王に擁立しようとしていた。元宗は、モンゴル帝国の冊封による王である。これを廃することは、モンゴルに対する反逆に等しい。当時、モンゴル帝国には高麗を完全征服、直属させる計画があったから、そのいい口実になりかねない。

危機感を抱いた忠烈王は、クビライに林衍の討伐を要請、モンゴル軍は高麗に侵攻。モンゴル帝国の圧力により、1270年、病死の林衍に代わって武臣の代表にあった林惟茂《イムユム》（りんいも）は殺害される。これにより、高麗の武臣政権時代は終わり、忠烈王は危機を脱する。

一方、クビライは1271年、中国大陸での国号を「元」とし、元帝国を創始する。その後、モンゴル帝国の日本遠征の準備が整った1274年、クビライは忠烈王を信頼するあかしとして、娘クトゥルクケルミシュを彼と結婚させた。以後、歴代高麗王の多くは、モンゴル帝室の娘と結婚することになる。

忠烈王は、モンゴル王族に連なる以外の面でも、モンゴル帝国への忠節を積極的に示している。忠烈王以後の国王の廟号《びょうごう》には、恭愍王《コンミンワン》（きょうびんおう）まではかならず「忠」の字を入れるようにもした。「忠」は、モンゴル帝国への忠節を意味する。忠烈王の子は、忠宣王《チュンソンワン》（ちゅうせんおう）となる。また、これまで高麗では国王の廟号に「高宗《コジョン》」「元宗」と「宗」を組み込んでいたが、これを改め、「王」とした。「宗」は、中国皇帝の廟号と同じである。中国皇帝と高麗皇帝の廟号はこれまで同格であったが、忠烈王は、元帝国の支配者であるクビライ（世祖）に対してへりくだり、自らの廟号の格を引き下げたのである。

忠烈王のモンゴル帝国への忠義は、最初はあまり認められなかったが、しだいにクビライも評価するようになる。忠烈王は、モンゴル帝国のなかで「駙馬《ふば》高麗国王」の地位を手にする。その地位は、モンゴル帝国の官僚よりも高く、1296年、元帝国で催された宮中饗宴《きょうえん》での席次は第4位にまでなっている。忠烈王は、半ば征服されたとはいえ、高麗の国際的地位を高めたのである。

また、忠烈王以降、高麗は王子、あるいは王族を元帝国宮廷への差し出すのを常としはじめた。これは人質という意味でもあれば、モンゴルの古くからの習慣に沿ったものでもあった。

モンゴルでは、部族の首長に対して、配下の長が子らを差し出して、首長の警護に当たる親衛隊を組織させた。これをケシク（宿衛）という。ケシクで働くなら、多くを学び、皇帝からも認められた。いわば、モンゴル版指導者養成機関のようなもので、日本でいえば今川家の人質とされた徳川家康が今川義元の配下として薫陶《くんとう》を受け、今川軍団の一部将となったのに近い。

高麗国王の子らは元の宮廷でケシクに入り、ここで学び、父・国王死去ののち、駙馬高麗国王として高麗へ帰還するパターンができあがったのだ。

三別抄

なぜモンゴル帝国への抵抗運動は、終わりを告げたのか？

高麗がモンゴル帝国に服従していくなか、モンゴル帝国に最後まで抵抗した勢力が三別抄である。三別抄は、もともと武臣の崔氏の私兵集団という側面があったが、モンゴル帝国の侵攻に対しては、最前線にあった。崔氏政権が崩壊し、高麗が江華島から開京へ復都を決めると同時に、三別抄には解散命令が出る。だが、三別抄は反発、モンゴル帝国に対する戦いをやめなかった。

三別抄は江華島を捨てて、朝鮮半島の南西端にある珍島《チンド》（ちんとう）を新たな根拠地とした。騎兵中心のモンゴル帝国は、海の戦いを苦手とする。三別抄の兵士らは、島嶼《とうしょ》の多い朝鮮半島南端なら対抗も可能とみたようだ。実際、三別抄は、一時は朝鮮半島南岸地域に勢力を広げたが、そこまでだった。高麗政府とモンゴル帝国は三別抄討伐に乗り出し、1271年には珍島が陥落する。

珍島に逃れた一派は済州島《チェジュド》（さいしゅうとう）に逃れ、抵抗をつづけたが、1273年、ここも陥落する。これにより、三別抄は消滅した。

三別抄の戦いが力を得られなかったのは、すでに大勢が決まっていたうえ、三別抄を支援する国外勢力もなかったからだ。三別抄は日本にも支援を求めて連絡をとっているが、外交経験が長年ゼロの日本の為政者は無関心だった。

三別抄は、現在の韓国では英雄的扱いを受けている。

第1次日本侵攻

なぜ高麗は、モンゴル帝国の日本襲撃の先鋒となったのか?

忠烈王がモンゴル帝国に忠義を示し、三別抄が高麗政府、モンゴル帝国と戦った時期、モンゴル帝国のクビライがひとつの課題としたのは日本征服である。1266年、クビライは突如、日本を「招諭《しょうゆ》」する意志を明らかにした。「招諭」とは、朝貢を勧告することであり、クビライは日本に自発的な服従を求め、さもなくば日本侵攻を企図しようとした。

モンゴル帝国が高麗を屈伏させたのは、1258年のことであり、それからおよそ8年ののち、突然の決意である。クビライが日本の存在に気づいていたなら、高麗屈伏後、すぐに日本征討計画に取りかかるはずだ。それがモンゴル帝国の拡大手法である。なのに、10年近い歳月を経てようやく日本征服に乗り出したということは、高麗屈伏ののちしばらくは、クビライの認識に朝鮮半島からその先がなかったのだ。朝鮮半島の先に日本列島があることを知ったクビライは、ここで初めて日本征服に乗り出したのである。

当時、元帝国は南宋攻めに時間を要していた。他に東アジアに征服すべき地がな

モンゴル世界帝国下の高麗（1270年ごろ）

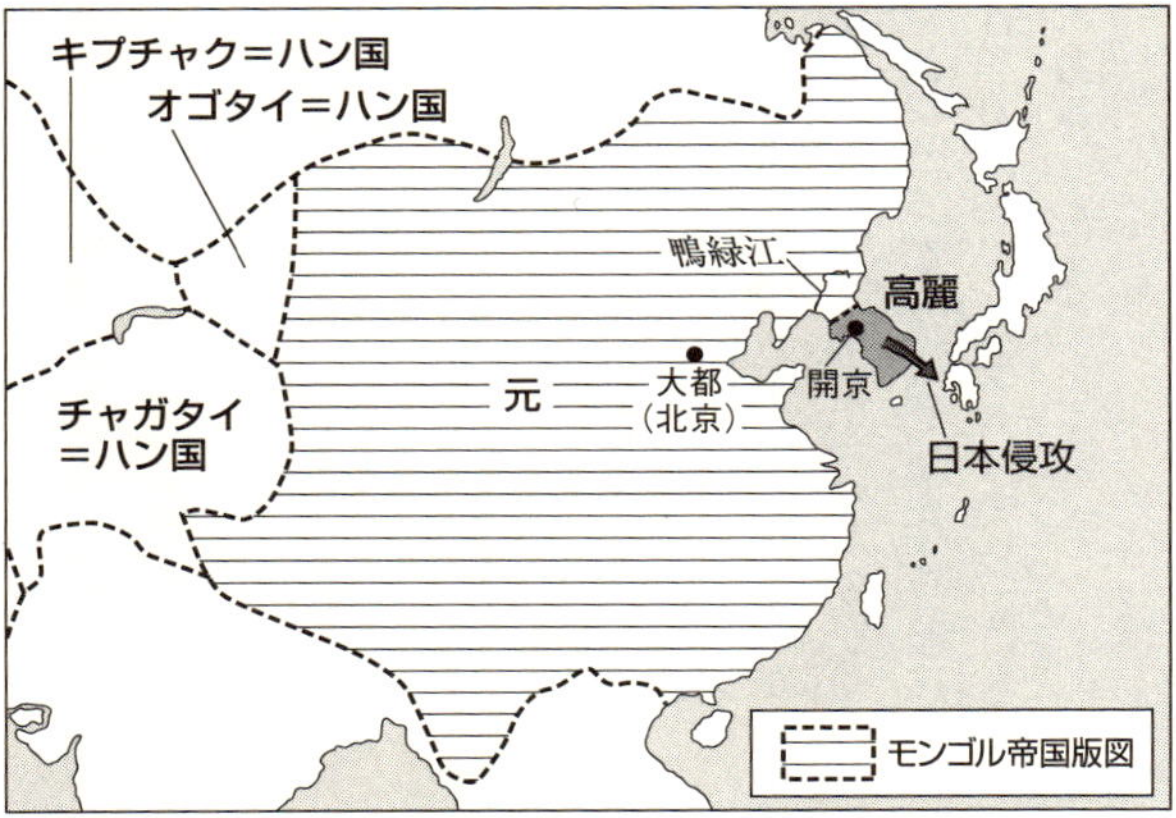

く、クビライは、征服者の武名を上げられないでいた。日本征服は、クビライの武名を上げるまたとない機会であった。日本を征服してしまえば、日本は南宋攻略の基地にもなる。クビライが決意した瞬間、高麗は、モンゴル帝国の日本征服の最前線となった。モンゴル帝国に屈伏した国の多くがそうであるように、高麗もまたモンゴル帝国の征服活動の先鋒《せんぽう》を強いられ、軍勢を差し出すこととなった。さらには、遠征用の船舶の建造も強いられた。

高麗にとって、日本遠征は大きな負担に思えた。高麗側は、日本に対して善処を求める使者さえも送っている。善処とは、日本の自発的な服従と思われるが、鎌倉の北条政権も京都の朝廷も、長く外交経験がまったくといっていいほどない。彼らは高麗の意を汲むことなく、元の使者に対しては強硬姿勢を崩さなかった。

1274年、元・高麗連合軍による日本征討が開始される。日本では、文永の役といわれる。元・高麗連合軍の船舶900艘は合浦《ハッポ》（がっぽ）より出航、まずは対馬《つしま》を襲撃、対馬の守護代・宗資国《そうすけくに》は戦死している。つづいて壱岐《いき》、松浦を襲撃したのち、博多湾で上陸作戦を開始する。すでに鎌倉幕府の執権《しっけん》・北条時宗《ほうじようときむね》は筑前、肥前の防衛を固めていて、激戦が展開されるが、元・高麗連合軍は早々と撤退する。

撤退理由は、いまなお謎である。遠征そのものが威力偵察を兼ねたものという説もある。日本の実力を知るとともに、一撃を加えるなら、日本は自主的に降伏するだろうという計算もあってのものだ。

あるいは、モンゴル騎兵が慣れない土地に苦戦したからという見方もある。日本は湿潤《しつじゅん》であり、土地にぬかるみが多い。およそ騎兵戦に適した土地ではなく、金帝国やモンゴルが、湿潤な南宋攻略に手を焼いたのと同じ理由だ。あるいは、予想外に日本の武人が手強く、さらには高麗兵士に厭戦《えんせん》気分が支配的だったからという見方もある。

第2次日本侵攻

なぜ忠烈王は、日本征服に積極的だったのか？

1274年の日本侵攻に失敗したクビライの元帝国だったが、ただちに第2次侵攻計画を企《くわだ》てはじめる。征服国家にとって、一度や二度の失敗は想定内といっていい。元は、対南宋作戦に何十年もかけているのだ。

元の日本再征計画に関しては、高麗の忠烈王は積極的に関わろうとしている。彼は、日本が元の徳に報いることはないと断じ、あらためて軍船を建造し討伐するなら、日本征服は成功するだろうとクビライに進言さえもしている。

忠烈王の積極的な日本征服論は、さまざまな事情からのもののようだ。日本征服が大事業となればなるほど、その先鋒である高麗のモンゴル帝国における地位は高まる。高麗も、日本遠征の収獲の分け前に与《あずか》れる。さらに日本遠征が避けられないのならば、積極的に関与し、クビライに対して忠義を示しておいたほうが、高麗の生き残りにもなる。消極的関与しかしないのなら、忠節を疑われ、これは高麗の存続にもかかってくる。

また、忠烈王自身がモンゴル帝国内の宮廷闘争に勝つためという見方もある。モンゴル帝国の上層部には、洪茶丘《ホンダグ》（こうちゃきゅう）という高麗人武将がいた。彼は早くにモンゴル帝国に下り、モンゴルで認められ、第1回日本遠征軍にあって元軍の有力武将のひとりとして加わっていた。

洪茶丘は高麗の内政にも干渉し、これを忠烈王は不快としていた。忠烈王と洪茶丘は対立する仲であり、忠烈王が洪茶丘を抑えるためには、クビライに忠節を示し、戦果を示す必要があった。だからこそ、忠烈王は洪茶丘よりも日本征服に対して積極的であろうとしたのだ。

忠烈王の日本侵攻作戦に関しての忠節は、クビライに認められる。彼は、朝鮮半島からの発進部隊である「東路軍」の征東行省丞相《じょうしょう》に任じられている。彼は、並のモンゴル武将より上位の地位を手にしたのである。

1276年、元帝国は南宋を滅ぼすと、南宋の軍事力も日本征服に加える。そのため、1281年の第2次日本侵攻にあっては、南宋発の江南軍を主力に、朝鮮半島発の東路軍が加わった。日本でいう弘安の役では、東路軍が先に博多湾に侵攻するが、日本の武士団は上陸を阻止、博多湾での戦いとなった。東路軍はいったん博多湾を退き、肥前の鷹島《たかしま》で強大な江南軍の船団を待った。

彼らが集結したとき、台風に襲われ、多くの船舶が失われた。台風通過後、日本の武士団は追撃戦を開始し、元・高麗・南宋軍を破っている。

その後もクビライは日本遠征を計画するが、ベトナムでの戦いもあって、計画は沙汰止《さたや》みになる。それでも、高麗側はつねに日本遠征の用意をつづけていた。

元帝国が日本侵攻を断念するのは、クビライの死去によってである。その後、元帝国にとって高麗は、敵性国である日本に対する最前線の位置づけとなる。高麗各地には警戒拠点が置かれ、高麗は元帝国の東方の守りを担い、これを自らの地位の拠り所ともするようになったのだ。

貢女

なぜ高麗は、モンゴルへ女性を差し出さねばならなかったのか？

ユーラシア大陸の多くを征服したモンゴル帝国は、商業帝国であった。「パックス＝タタリカ」（タタールの平和）をもたらした。モンゴル帝国の支配下では、人やモノの交流がさかんになり、高麗にもアラブ・ペルシャ系の人物が訪れもした。高麗は、モンゴルによる平和を享受できる立場にあった。

モンゴル帝国の支配が長くなるにつれ、高麗の王族や民もモンゴル風に染まりもする。モンゴル人の髪形といえば、ジュルチンの清帝国と同様、弁髪《べんぱつ》である。17世紀、清帝国が中国大陸を制覇したとき、支配下の漢人には弁髪を要求した。逆らえば首が飛んだのだが、モンゴルは高麗に弁髪を強要はしなかった。元帝国は、高麗の習俗にまでは手を加えるつもりはなかったのだ。ただ、モンゴル帝国の支配が長くなると、しだいに弁髪にする者やモンゴル風の胡服をまとう者も現れてきた。

元に臣従するなか、高麗がもっとも苦しんだのは、女性と宦官《かんがん》の提供である。女性の場合は、貢女《コンニョ》といわれた。征服に意欲的な遊牧民族には、異国の女性を好む側面がある。かつて匈奴《きょうど》は漢帝国から女性を求め、美人の誉れ高い王昭君《おうしょうくん》が嫁いだ逸話は有名だ。朝鮮半島では、かつて高句麗も中国王朝に貢女していた。モンゴル帝国からすれば、貢女を提供国の名誉と考えていたが、高麗は違った。高麗からすれば、貢女は耐えられないものであった。

だが、高麗の思いを無視して、元側は何度も貢女を要求してきた。元の圧力に屈し、高麗側が強制的に女性を拉致し、元側に差し出すこともあった。

一方、元の宮廷に仕えることは栄達のチャンスでもあった。元の宮廷に仕えるようになった女性や宦官が権力者の寵愛《ちょうあい》を得て、権勢を手にすることもあった。

やがてモンゴルは朝鮮半島から去っていくが、貢女自体、その後もつづき、貢女の記憶は朝鮮半島に残された。今日、従軍慰安婦問題で韓国は日本に厳しい態度を一貫してとりつづけている。韓国民は、従軍慰安婦問題を、かつての過酷な貢女とダブらせている面もあるのだ。

倭寇

なぜ最初に朝鮮半島を襲うようになったのか？

13世紀の朝鮮半島を襲ったのは、モンゴル帝国だけではない。13世紀の末から、日本列島発の海賊である倭寇《わこう》が、朝鮮半島沿岸部を襲撃するようになったのだ。倭寇は16世紀末まで猛威をふるうが、14世紀の倭寇は「前期倭寇」といわれる。

前期倭寇は、モンゴル帝国の襲来と日本の内戦のもたらしたものといっていい。倭寇は、モンゴル帝国襲来の反動にはじまる。元帝国・高麗軍の上陸を許した地方は、略奪を受けていた。略奪を受けてきた地域の住人は、次の襲来に備えて敵情を視察する必要があったし、略奪の埋め合わせを求めてもいた。実際、倭寇の根拠地は対馬《つしま》、壱岐、肥前松浦地方であり、すべて元・高麗軍に荒らされた地である。

彼らは偵察と収奪を目的に、朝鮮半島沿岸部を襲い、倭寇と呼ばれるようになった。初期の倭寇の略奪は、物資、人、船舶であり、これらは元・高麗軍の襲撃で失ったものでもあったのだ。朝鮮半島を狙ったのは、元・高麗軍の策源地（後方基地）

として理解していたからだ。

また14世紀の九州は、南北朝の動乱のなか、中央権力の及びにくい争乱の地でもあった。1333年、鎌倉幕府は滅亡、後醍醐《ごだいご》天皇の建武《けんむ》新政がはじまったが、すぐに崩壊。足利尊氏《あしかがたかうじ》の室町幕府が生まれ、室町幕府の擁する北朝と後醍醐天皇方の南朝の対立する南北朝時代に突入する。

南北朝の抗争は全国各地に及び、南朝は懐良《かねよし》親王を九州に派遣する。懐良親王の勢力は一時、九州一円にまで広がるが、そこには懐良親王を支援する松浦党《まつらとう》があった。松浦党は倭寇となって朝鮮半島を襲い、物資・人を奪い、南朝の懐良親王勢力を後押ししていたのである。

倭寇は、もともとは日本人の海賊集団であったが、やがて変質をはじめる。高麗国内で差別されたり生活に困窮《こんきゅう》した層が倭寇に加わり、日本人と高麗人の連合体になっていく。16世紀の後期倭寇では、これに明人やポルトガル人まで加わった国際海洋集団となり、貿易と海賊を兼ねて、中国大陸沿岸を荒らしまくるようになる。

前期倭寇の跳梁《ちょうりょう》の前に高麗政府は無策であり、倭寇は半島の内部にまで侵入をはじめた。記録に残るものだけで、襲来は400件にもなる。中国大陸の新たな支配者となった明帝国の洪武帝《こうぶてい》は、日本に対して、倭寇の禁圧を求めたが、南北朝の争いのなか、日本国内に責任者は不在であった。

高麗にあって、倭寇討伐の最前線に登場したのが、李成桂《イソンゲ》（りせいけい）、崔瑩《チエヨン》（さいえい）、辺安烈《ビョナニョル》といった武将である。彼らは倭寇との戦いに勝ち、李成桂、崔瑩は中央政界で発言力をもってくる。彼らもまた、東アジア武人の府代の一員であった。

なかでも李成桂こそは、のちに高麗に代わって李氏朝鮮を建国する人物である。彼は朝鮮半島北辺の生まれであり、長くジュルチン相手に戦い、ジュルチンの兵士をも配下に組み入れていた。李成桂の軍は、倭寇にない火力を使い、ジュルチン兵の射る弓は強力だった。李成桂自身、ジュルチンの血をひくともいわれる。

倭寇は朝鮮半島で敗れたうえ、14世紀後半から、足利義満《あしかがよしみつ》が倭寇の禁圧に取り組む。これにより前期倭寇は終結している。

5章

李朝危機期　なぜ李朝は、秀吉や後金の侵攻で崩壊しなかったのか？

威化島回軍

なぜ李成桂は、高麗へのクーデターを決意したのか？

14世紀中盤から後半にかけて、東アジアは再編の時代を迎える。すでに日本では鎌倉幕府が1333年に倒れ、南北朝時代に突入していた。中国大陸ではモンゴルの元帝国が破綻《はたん》、1351年から紅巾《こうきん》の乱（白蓮教《びゃくれんきょう》徒《と》の乱）が起きる。白蓮教は弥《み》勒《ろく》信仰を中心にした宗教だが、宗教集団は強固な組織となり、反元運動に結びついた。ほかに、塩商人だった方国珍《ほうこくちん》、群雄のひとりである張士誠《ちょうしせい》らの反乱もあり、元帝国の支配はぐらつく。高麗もまたモンゴル離れをはじめ、新たな国家・李氏《りし》朝鮮の誕生へと動く。

高麗で新たな路線をとろうとしたのが、恭愍王《コンミンワン》（きょうびんおう）である。彼は脱モンゴルの独自路線を志向、これまで多くの高麗国王が習俗としてきた弁髪と胡服を廃するようになる。

これに対して、親モンゴル派である崔濡《チエユ》（さいじゅ）は、元に頼り、元軍を朝鮮半島に侵攻させる。迎え撃ったのは、倭寇戦でも功のあった崔瑩《チエヨン》（さいえい）であり、彼らの軍勢は元を破り、これにより高麗は、モンゴルの臣従下から大きく脱した。

高麗は、中国大陸の内乱の余波を直接被《こうむ》りもしている。1359年と1361年には、紅巾軍の一派が高麗領内にもなだれ込んだ。紅巾軍の一派は北京を攻めたものの、反撃に遭い、満洲南部から朝鮮半島へと移っていったのだ。1361年の紅巾軍の侵攻では、首都・開京が一時的ながら、失陥さえしている。

中国大陸の混乱のなか、時代の主導権を握っていったのは朱元璋《しゅげんしょう》である。彼は紅巾軍の将軍のひとりであったが、やがては軍団を乗っ取り、自らの軍勢とする。朱元璋は、1368年には江南に明を建国する。明が元を駆逐すべく北伐に向かうと、元は北京を捨てて、モンゴル高原まで退いた。以後の元は北元といわれ、中国大陸は明帝国によって統一される。朱元璋は、明の洪武帝《こうぶてい》となった。

洪武帝は、建国後すぐに高麗に使者を送り、建国を知らせた。高麗の恭愍王《きょうびんおう》は、明帝国の冊封を受けることを決意、これにより、モンゴル帝国が高麗を臣従させた時代は終わった。

だが、明帝国は高麗にけっして寛容ではなかった。恭愍王が没してのち、１３８８年、明は朝鮮半島の鉄嶺《チヨルリヨン》以北、朝鮮半島の東北地域を直轄地とすることを一方的に宣言してきたのだ。このあたりは、かつては元の属領だったが、恭愍王の時代に高麗領となっていた地だ。

これに対して、恭愍王の子・禑王《ウワン》（ぐおう）と将軍・崔瑩《チエヨン》（さいえい）は、反明を明らかにする。彼らは、明の支配する遼東《リヤオトン》（りょうとう）攻撃を主張した。遼東遠征軍を任されたのが、李成桂《イソンゲ》と曹敏修《チヨミンス》（そうびんしゅう）となる。

この遠征中、李成桂は歴史を変える決断をする。李は軍勢を遼東へ進出させるどころか、途中、鴨緑江の中州・威化島《ウイフアド》（いかとう）で軍を止める。鴨緑江は増水していて、進軍不可能でもあったともいう。彼はここで踵《きびす》を返し、軍を反転させ、開京を制圧。崔瑩は敗北、流刑となった。これを「威化島回軍《ウイフアドフエグン》」という。彼は親明を宣言、禑王を廃し、その子・昌王《チヤンワン》（しょうおう）を擁立したのだ。

こののち、昌王も廃され、恭譲王《コンヤンワン》（きょうじょうおう）が擁立される。李成桂一派は過去の王である禑王、昌王を処刑したのち、李成桂は恭譲王から禅譲《ぜんじょう》を受ける形で、1392年に新たな王となった。彼が、李朝の太祖《テジョ》となる。これにより、高麗王朝は消滅、李氏朝鮮が誕生した。

国号「朝鮮」

なぜ李成桂は、国号の選択を明の洪武帝に求めたのか？

高麗を終焉《しゅうえん》させた李成桂は、新たな国号を「朝鮮《チョソン》」とした。古代の「古朝鮮」と区別するため、「李氏朝鮮」ともいうが、国号を最終的に選択したのは、創始者の李成桂ではなく、明帝国の洪武帝であった。

　李成桂は明に使者を送り、国王の交代を知らせ、さらには明の洪武帝に国号改定を仰いだ。李氏側は、「朝鮮《チョソン》」と「和寧《ファニョン》（わねい）」のいずれかを提案した。「朝鮮」は、古代の箕氏《きし》朝鮮、衛氏朝鮮以来の名であり、「和寧」は李成桂の出身地の別称であった。中国王朝は、創始者の出身地を王朝名にするところがあり、「和寧」はその習慣を汲むものであった。洪武帝が選んだのは、朝鮮であり、1393年には正式な国号となる。

　李成桂が明の洪武帝に国号制定を求めたのは、明に対する臣従の意を表すためで

明による平和を享受した李朝（15世紀半ば）

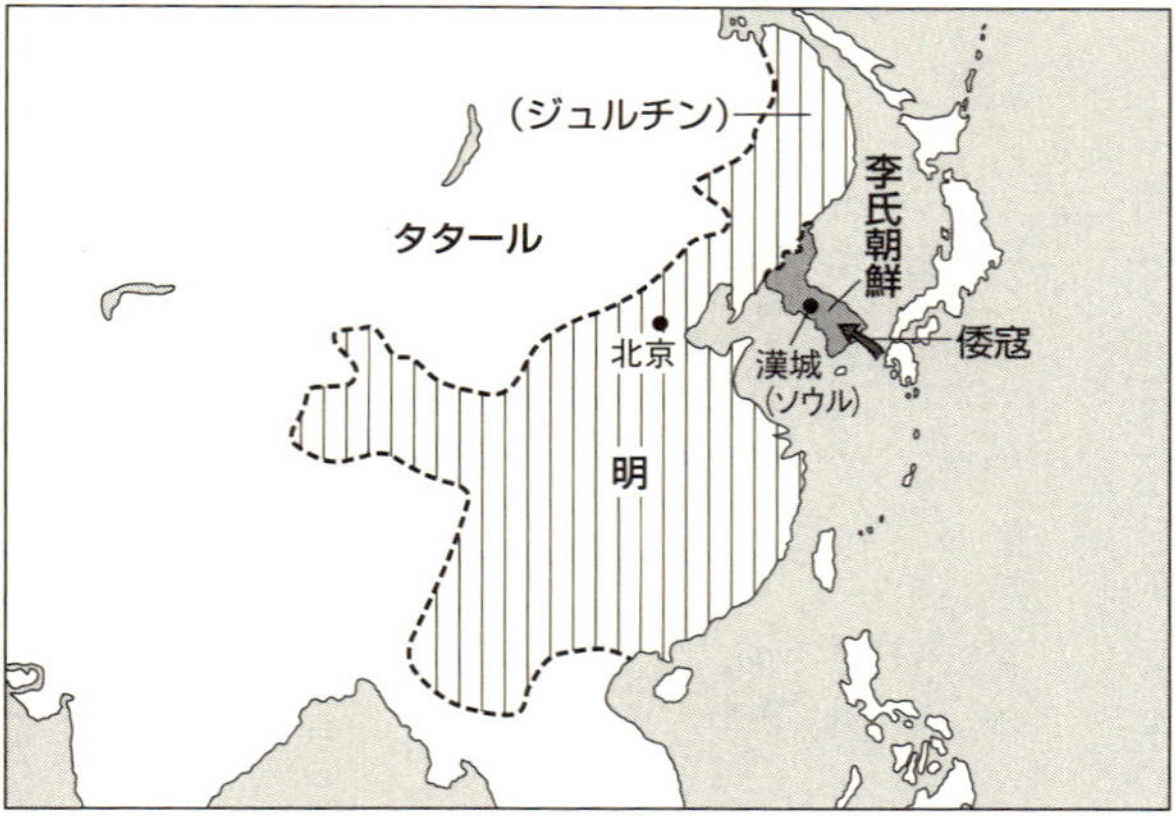

あろう。明はたしかに高麗国王を冊封したとはいえ、その後の高麗の混乱に不信感をもっていた。明が鉄嶺以北を直轄地にしようとしたところに、高麗側は軍勢を向けようとした経緯もある。さらには、朝鮮半島内に親モンゴル勢力、あるいは洪武帝に対抗する反明勢力が潜んでいることも疑った。そこには、洪武帝の病的ともいえる猜《さい》疑《ぎ》心《しん》の強さもあった。

　洪武帝の朝鮮半島不信の表れは、その後、しばらく李氏朝鮮の国王が冊封されていないことからも明らかだろう。李朝の太祖は、最後まで冊封を受けられなかった。東アジア世界では中国王朝から冊封を受けないことには、対外的に「国王」を名乗れない。太祖は、「権知国事」の称号しか使えなかった。明の皇帝が朝鮮国王を冊封するのは、1401年、第3代国王である太宗《テジョン》（たいそう）まで待たねばならなかった。

一方、李氏朝鮮の明崇拝意識は、徹底していた。1407年、漢城の西に明からの使者を迎える「慕華楼《ぼかろう》」を建て、16世紀前半にはここに建てていた「迎詔門」を「迎恩門《ヨンウンムン》（げいおんもん）」と改名している。明の使者から与えられる恩を歓迎するという意味であり、李朝の歴代国王はここで明からの使者に額突《ぬかづ》いた。

太祖は国号の制定とともに、遷都を急いだ。開京には旧勢力が根強く、太祖は旧勢力との縁を切りたかった。そこで選ばれたのが、漢城《ハンソン》（かんじょう）〈＝現在のソウル〉である。

訓民正音

なぜ世宗は、ハングルを創造したのか？

李氏朝鮮の国王、いや歴代朝鮮半島の国王のなかで、もっとも高い評価を受けるのは第4代国王・世宗《セジョン》（せそう）である。1418年に即位した世宗は、李朝の全盛期を築き上げている。世宗は北方に朝鮮半島南部から大量の植民を試み、北方の開拓をおこなっている。当時、北方の国境周辺には、かつて金帝国を樹立したジュルチンがあり、彼らは南下も試みていた。李朝はジュルチンの南下を阻止し、逆にもっと北に侵攻しようとした。世宗の北方植民は李氏朝鮮の国境ラインを確定づけるものであり、今日の朝鮮半島の国境線の源にもなっている。

世宗は学問を奨励、その最大の産物がハングルの創造である。厳密にいえば、訓《フン》民正音《ミンジョンウム》（くんみんせいおん）の制定である。「訓民正音」とは、「民を啓蒙《けいもう》する正しい音」といった意味だ。

ハングルは朝鮮半島独自の文字であるが、訓民正音の制定まで、朝鮮半島には独自の文字がなかった。朝鮮半島では朝鮮語が会話される一方で、朝鮮語を表す表記は、漢字の音を借りる吏読《イドゥ》（りとう）くらいしかなかった。そんな状況を変えるべく、世宗は朝鮮語のための独自の文字を開発させたのだ。世宗は、ハングルの普及によって、民衆に文字が広まることも期待したとされる。

ハングルの制定の背景には、朝鮮半島のアイデンティティの確立への願望もあったと思われる。東アジア世界では、6世紀ころまで、中国発の漢字がすべてであった。独自の言語をもつ民族も、文書化するには漢字を必要とする時代がつづいたが、やがて東アジア周辺では独自の文字をもつ国や民族が生まれる。朝鮮半島の脅威となったキタイ（契丹）、ジュルチン（女真）、モンゴルは、それぞれ独自の文字をもっていた。日本でも、ひらがなが生まれている。

これに対して、もっとも中国大陸に影響を受けている朝鮮半島国家は、独自の文字をもたないのが誇りでもあった。儒教文明を生み出した漢字こそ、もっともレベルの高い文字であり、これを使いこなすことに誇りをもちさえしてきた。李朝でも、キタイやジュルチン、モンゴル、日本が独自の文字をもっていることは知っていた。それは夷狄《いてき》のなす下等なものと見なしていたが、世宗は、こうした考えを抑え、朝鮮半島の民のアイデンティティとしてハングルを生み出したのだ。

ハングル創造にもっとも影響を与えたのは、モンゴルのパスパ文字だという指摘もある。パスパ文字は、モンゴル帝国がチベットのラマ僧・パスパに命じてつくらせたものだ。モンゴルの公用文字であり、高麗がモンゴル帝国に臣従していた時代、朝鮮半島でも知識人が使っていた。そうした経緯もあり、朝鮮半島でも独自の文字が求められ、パスパ文字が参考にされたと考えられる。

ただ、ハングルはすぐに朝鮮半島では普及しなかった。科挙試験を経て両班《ヤンバン》（りょうはん）を目指す者にとっては、漢字こそがすべてであった。ハングルが普及をはじめるのは、19世紀ごろからである。第2次世界大戦後、ハングルは朝鮮半島で完全に定着、逆に漢字文化が急速に失われていった。現代では、ハングルは、朝鮮半島の脱中国化を推し進め、中国文化に対する防波堤となっている。

朱子学

なぜ、李氏朝鮮は朱子学国家となったのか?

李氏朝鮮の大きな特徴のひとつは、世界一の朱子学国家だったという点だ。たしかに、江戸時代の徳川幕府も朱子学を奨励したが、それは李朝からすれば中途半端な受容にすぎなかった。李朝は、徹底して朱子学を受け入れ、行動規範とさえするようになったのだ。

朱子学は、南宋の朱熹《しゅき》(朱子)によって集大成された儒学のひとつである。朱子学は、当時、東アジア世界でさかんだった仏教に対する儒学側の反撃でもある。仏教の隆盛の前に、既成の儒学は弱く、宋代には知の実践を重んじる儒学の再建が目指された。それを集大成した朱子学は、正統を重んじ、華夷《かい》(文明の地と野蛮な地)の別を論じたところに大きな特徴をもつ。

朱子学が生まれた時代背景には、満洲、モンゴルをはじめ周辺民族の強大化がある。キタイ(契丹)、ジュルチン(女真)、タングート(党項)、モンゴル(蒙古)らは、独自に巨大な帝国を築き、中国大陸の王朝を圧迫した。

中国大陸の漢人は、彼らを野蛮人と見なしていたが、軍事力で彼らにかなわない。彼らは中国王朝と対等以上に渡り合ったから、漢人はプライドを傷つけられ、一種の文化ナショナリズムが生まれもした。朱子学は、漢人のプライドを回復させ、自信の根源とするためにも、正統と華夷秩序（中国皇帝を頂点とする国際関係）を重視するようになった。

もともと中国には漢人を重んじ、それ以外の周辺民族を文化的に劣ると見なす中華思想がある。朱子学はこの中華思想を再強化し、文化の優越こそが華夷を分かつもの、正統の基準であると見なした。戦いでは負けても、儒学古典に通じるという文化的な優越を自任するかぎり、周辺民族を見下し、プライドを保てるのだ。

南宋ではじまった朱子学は、モンゴルが高麗を臣従させていた時代、朝鮮半島にも流入していた。朝鮮半島の教養人は、朱子学に魅了された。それは、南宋で朱子学が興った事情と通じる。朝鮮半島もまた、キタイ、ジュルチン、モンゴルの圧力を受けつづけ、モンゴルには何度も侵攻を受け、臣従することになった。朝鮮半島の教養人はプライドを傷つけられ、その回復を朱子学に求めた。

モンゴルに敗れても、モンゴルに文化的に優越していると自覚するかぎり、朝鮮半島は「華」であり、「夷」であるモンゴルより上と思うことができたのだ。

朝鮮半島からモンゴルが去り、李氏朝鮮が起きると、朱子学は政権からも重んじられるようになる。李朝で朱子学浸透のエンジンとなったのは、科挙である。すでに高麗の時代から採用されている制度を、李朝でも採用した。科挙のテキストは儒学、それも朱子学を重んじる書であり、栄達を目指そうとする者は、朱子学の洗礼を浴びつづけることになったのだ。

15世紀の李朝にとって、朱子学は東アジアでの自らの位置づけを高くする理論でもあった。華夷の中心にあるのは、漢人王朝の明帝国であり、その次にくるのが、明にもっとも近い李朝となる。他の諸国はそれ以下の夷でしかない。たとえ、モンゴルであってもだ。朱子学を信奉するかぎり、李朝は世界でナンバーツーの国家として輝くことができたのだ。

さらにいえば、李朝は、朱子学を正統に奉じているナンバーワン国家であると自任さえできた。朱子学発祥の中国大陸では、明代になると陽明学が興り、朱子学はかつてほど受容されなくなっていた。李朝は明よりも朱子学を正統に扱い、「明超え」を果たしていた。そう考えた李朝の人士は、自国にプライドをもてたのだ。

また、朱子学は鎌倉時代に日本にも流入しているが、戦いを好む鎌倉時代の武士たちは興味をもたなかった。朱子学に興味をもったのは、後醍醐天皇である。朱子学に照らせば、鎌倉幕府は夷であり、朝廷こそ正統である。後醍醐天皇は、その思想に基づいて、鎌倉幕府打倒の兵を挙げている。

仏教弾圧

なぜ李氏朝鮮では、仏教が排撃されたのか？

李氏朝鮮は朱子学主導の国家となったが、朱子学の浸透に合わせるかのように、仏教が排撃されていく。もともと新羅や高麗では仏教がさかんであり、同時代の日本や唐帝国がそうであるように、ともに仏教を中心とした国家だった。李朝になってからも、初代の太祖や世宗らは仏教に熱心であった。

だが、仏教はしだいに弾圧されていく。最初に仏教を弾圧したのは、太宗《テジョン》である。１４０６年、全国の寺院の数を大幅に削減、さらには寺院から土地や奴婢《ノビ》（ぬひ）〈＝奴隷〉を没収してしまった。太宗は王権の強化のために、王族や外戚を排除した国王であり、その排撃の対象に仏教も入っていた。日本でもそうであるように、中世の仏教寺院はたんなる宗教施設ではなく、政治に介入力をもつ結社でもある。太宗は、仏教を王権の敵と見なしていたと思われる。

仏教に熱心であった世宗の時代には７つあった宗派が、その後、２宗にまで統合される。それぞれの寺院数は、18にまで減らされた。

李朝では、しだいに僧侶の地位の低下に歯止めがかからなくなっていく。僧侶が労役に駆り出されることもあり、下級の僧侶ともなると、蔑視の対象にさえなっていったのだ。

両班支配

なぜ圧倒的な存在になっていったのか?

李氏朝鮮を語るとき、外せないのが、両班《ヤンバン》だ。両班は官僚組織であり、国王に仕え、実質、国を動かした。両班は高麗時代にもあったが、李朝の時代になると、より確立されたものになる。

両班は、東班《トンバン》(ひがしはん)と西班《ソバン》(にしはん)に分かれる。東班には文臣があり、文班《ムンバン》とも呼ばれる。西班は武臣の集合であり、武班《ムバン》とも呼ばれる。東班と西班は一見同格にみえるが、じつは差があり、東班の文臣のほうが昇進できた。文臣優位にあり、これは朱子学からくる文治《ぶんち》主義に基づく。

もともと科挙制度では、試験に受かれば、どんな卑賤《ひせん》の出自であれ、文臣となれた。だが、李氏朝鮮では、科挙合格者が固定化されはじめる。科挙の受験資格そのものが、経済力のある一族に限られてくるようになったのだ。これにより、科挙に合格できる両班は世襲貴族同然となり、上位階層の身分が固定化された。

　李朝では、両班が支配階級として最上位にあった。その下に、中人《チユンイン》（ちゅうにん）、良人《ヤンイン》（りょうにん）、奴婢《ノビ》となる。中人は、上位階層の出自でありながら、両班への道を絶たれた人々が目指すところだ。正統を重んじる朱子学にあって、嫡子か庶子かでは待遇が大きく違う。嫡子であるなら、まっとうな科挙受験の道が待っているが、庶子となると、文臣にはなれない。彼らは、専門技術官僚となるしかなく、両班階級の下の中人となった。

　良人とは、ほとんどが「常漢《サンハン》」と称され、多くが農民である。その下が、奴婢である。中世から近世にかけては、世界の多くの地域に身分制度に近いものがあった。日本でも江戸時代には身分制度があった。李朝にあっても、身分制度が形成された。日本と異なるところは、職能で分かつのではなく、朱子学に基づいた、いかに漢籍を読みこなせる教養レベルが高いかどうかで分かれるところであった。

　李朝では、商業を担う人々が重んじられることはなかった。李朝の根幹をなす朱子学にとって、算盤《そろばん》勘定は卑《いや》しむべきことであり、経済政策というものはほとんどなかった。それが、李朝時代を通じての商工業の停滞につながる。

対馬侵攻

なぜ世宗の時代に対馬を襲ったのか？

李氏朝鮮の15～16世紀は、明帝国による平和をある程度享受できた時代である。明帝国は、この時代、安定していた。朝鮮半島の北辺・満洲には明帝国の監視があり、北の国境と西方から脅威はなかった。唯一、脅威となっていたのは、東方、つまり日本列島を根拠とする倭寇の襲撃である。

李朝は、つねに倭寇対策に追われた。その対策のひとつが、降倭《カンウエ》の優遇である。李朝に下った倭寇を李朝臣下とし、通商の自由を与えた。彼らは、朝鮮国王との謁《えつ》見《けん》さえ許された。

その一方、倭寇の根拠地を滅ぼすべく、外征も試みている。世宗の時代、1419年、艦隊を結成し、対馬に侵攻している。日本では応永《おうえい》の外寇《がいこう》といわれる事件であり、対馬を治める宗氏が迎撃している。李朝の軍勢は宗氏に勝ちきれず、撤退している。じつのところ、対馬の宗氏こそ、中世の李朝と日本の仲介役でもあった。当時、朝鮮半島と日本列島の交易はさかんであり、これを仲介したのが宗氏である。貿易には日本からの朝貢という形もあったが、その体裁を整えたのも宗氏である。

実際には、朝貢の使者でなくても、朝貢であるかのようにみせかけた。日本からは日本国王使も派遣されているが、実際には室町幕府によるものは3回にすぎない。あとは、宗氏が名義を騙《かた》ったものである。宗氏の立ち回りは、李朝のプライドを満足させるものであったと同時に、宗氏を栄えさせるものでもあったのだ。

党争

なぜ両班同士の派閥抗争がはじまったのか?

李氏朝鮮の宿痾《しゅくあ》となったのは、党争である。どの国でも政権を巡っての派閥争いはつきものだが、李朝では派閥の角逐が絶え間なく、それも執拗《しつよう》に政敵を追い詰めた。強大な勢力が朝鮮半島周辺に誕生しても、宮廷内ではそれを無視して、派閥争い、つまりは党争が繰り広げられた。

党争のはじまりは、宮廷内での士林派《サリムパ》(しりんは)の台頭からはじまる。士林派の多くは地方地主の出自であり、科挙合格によって中央政界に進出してきた。彼らを取り立てたのは、1469年に即位した成宗《ソンジョン》(せいそう)だった。成宗は朱子学を重視した政治を推し進めようとし、士林派の力を借りたのだが、そうなると旧勢力が士林派に敵愾心《てきがいしん》をもつようになる。

旧勢力は「勲旧派《フングパ》（くんきゅうは）」と呼ばれ、建国の功臣たちの子孫である。成宗が没し、燕山君《ヨンサングン》（えんざんくん）が即位すると、勲旧派は士林派の弾圧をはじめる。彼らは燕山君を唆《そそのか》し、燕山君は士林派の官僚を死刑・流罪としてきた。これを「士禍《サファ》（しか）」という。

「士禍」は何度も繰り返されたが、士林派の人材が絶たれるわけではなかった。彼らの出自は地方地主だっただけに、粛清されても、地方から新たな人材を中央に送り込むことができた。16世紀後半には、士林派の政権さえ成立している。

ちなみに、士林派を弾圧した燕山君は、悪逆なおこないをつづけたとして、李朝史上、もっとも評判の悪い国王である。そのため、彼の廟号には「王」や「宗」の文字が入れられず、王子扱いの「君」として扱われることになった。ほかに「君」扱いされた国王には光海君《クァンヘグン》（こうかいくん）〈123ページで解説〉がいる。

李朝では士林派が政権を握ったものの、やがて東人《トンイン》（とうじん）派、西人《ソイン》（せいじん）派に分かれ、政権のポストを巡って内部で争いをはじめた。東人派、西人派の名の由来は、両派の中心人物の邸宅が漢城のどちらにあったかによる。これが、党争のはじまりだ。

党争が過激化、長期化してくると、さらなる分裂がはじまる。東人派は南人《ナミン》（なんじん）派、北人《プギン》（ほくじん）派に分かれ、西人派は少論《ソロン》（しょうろん）派、老論《ノロン》（ろうろん）派に分かれる。彼らの欲するものは権力であったが、そこに朱子学の解釈の違いによる対立も絡み、李朝の政治を停滞させる一因にもなっている。16世紀の豊臣秀吉の侵攻に備えられなかったのも、東人派と西人派の対立があったからだ。

李朝で党争が常態化、政敵を死に追いやるほど追いつめていく一因には、朱子学の絶対化がある。朱子学では、華と夷に分け、徹底的に上下を決定する。上に立ったものは道義的優位にあると思い込み、何をしても許されるかのように振る舞った。そのため、党派の独裁と弾圧が起きやすかった。

党争で勝利するためによく使われた手法は、国王や実力者への告げ口である。告げ口には虚偽も多かったが、王や実力者がこれを信じるなら、政敵を弾圧さえできた。告げ口は現代の朝鮮半島にも残り、政敵を倒すための手法として、あるいは、世界で日本を貶《おとし》めるための武器にもなっている。

豊臣秀吉

なぜ朝鮮通信使の報告は無視されたのか？

16世紀末から17世紀前半にかけて、李氏朝鮮の存亡を問う危機が連続する。東アジアに明帝国を打倒し、秩序を再編しようとする強大な勢力がふたつも誕生したためだ。その第一弾が、豊臣秀吉の軍勢による朝鮮半島侵攻となる。

日本では、15世紀の中盤、応仁の乱が起きたのち、戦国時代に移行していく。戦国時代を統一に向かわせたのは、織田信長、豊臣秀吉である。彼らは、その征服エネルギーを持て余しはじめていたうえ、スペインの宣教師らから広い世界を知った。当時、スペインは本国はもとより、ドイツ、ネーデルランド（オランダ）、イタリア半島南部、メキシコ、南米を勢力下に置く世界帝国を形成していた。スペインに触発された織田信長、豊臣秀吉らが夢見たのは世界の覇者、少なくとも東アジアの征服者になることだった。

日本では、それは誇大妄想《こだいもうそう》の成れの果てとされるが、実際はそうでもない。近い時代、満洲のジュルチンから清帝国が登場、中国大陸を制覇、東アジアの圧倒的な覇権を握る。そうした現実を考えるなら、16世紀末から17世紀前半の東アジアは、地域勢力が明帝国の覇権に挑戦、打倒していく時代であった。朝鮮半島は、周辺国家の野心に翻弄《ほんろう》されるようになったのだ。

明帝国の征服は織田信長が構想していたともいわれるが、実行者となったのは豊臣秀吉である。ただ、当時の日本には戦略的な世界観がなかった。一気に黄海の奥にある山東半島あたりに上陸するなら、北京はすぐそこにあったのだが、東アジアの地図に疎《うと》い日本は、朝鮮半島から満洲経由の明帝国征服を構想した。朝鮮半島は通り道であり、豊臣秀吉は朝鮮半島通過を求める使者を李朝に送った。さらには、対馬の宗氏を介して、朝鮮国王の来日までも求めた。豊臣秀吉は自国中心主義にあり、李朝は簡単に応じるものと思っていたようだ。

李朝にすれば、あまりに馬鹿げた話でしかなかった。朱子学を奉じる李朝にとって明帝国は正統のなかの正統であり、侵すべからざる存在であった。その明を征服するとは、野蛮人の狂気の沙汰であり、まともにとりあえるものではなかった。

豊臣秀吉のあまりの野心に困惑した李朝は、その真偽を探るべく、1590年に日本に使者（朝鮮通信使）を送る。黄允吉《ファンユンギル》と金誠一《キムソンイル》は日本を視察したが、李朝宮廷への報告は正反対のものであった。

黄允吉は、日本による朝鮮半島侵攻はありうると主張、その一方、金誠一はありえない話だとした。まったく異なる見解に対して、李朝宮廷が支持したのは、金誠一の、朝鮮侵攻はありえない論であった。

ここには、李朝の党争の影響がある。黄允吉が西人派であったのに対して、金誠一は東人派であった。当時、李朝では東人派が強く、西人派の主張は軽視されたのである。

また、対馬の宗氏は李朝に使者を送り、豊臣軍の侵攻が近いことを知らせている。だが、この報告は無視され、李朝は無防備に等しい状態で、豊臣軍の侵攻を受けたのだ。

日明対決

なぜ李氏朝鮮で、明帝国の評価が高いのか?

1592年、豊臣軍は朝鮮半島に侵攻する。日本では文永《ぶんえい》の役《えき》、李氏朝鮮では壬《イム》辰倭乱《ジンウエラン》と呼ばれる戦いだ。

防衛体制のない李朝に対して、豊臣軍は日本の内戦を潜り抜けてきた強者《つわもの》である。しかも、李朝にない鉄砲を大量に運用していた。李朝方は豊臣軍に連戦連敗し、国王・宣祖《ソンジョ》(せんそ)は漢城を放棄、北辺の義州《ウイジュ》(ぎしゅう)にまで逃れる。わずか2か月で李朝のほとんどの土地が豊臣軍の侵攻に遭っていた。宣祖の王子である臨海君《イメグン》(りんかいくん)、順和君《スンファグン》(じゅんわくん)は李朝への反乱勢力に捕らえられ、豊臣軍の部将・加藤清正に引き渡されている。李朝の宮廷は、見放されていた。

だが、豊臣軍の侵攻は朝鮮半島北辺で止まる。朝鮮半島北部は、農作に向かず、歩兵の障害は多い。朝鮮半島北部は少数の騎兵なら突破できても、歩兵の大軍が進撃できる土地ではないのだ。歩兵主体の豊臣軍は北上するほどに、補給を得られなくなる。この先、満洲を征服し、中国大陸になだれ込むのは、無理な話であった。ジュルチンやモンゴルのような騎兵がない豊臣軍の限界は、すぐにきた。

一方、追い詰められた宣祖は、明帝国の軍事支援を要請している。かつて7世紀に新羅が唐帝国の軍を、百済がヤマト朝廷軍を引き入れて以来の外国勢力の朝鮮半島への導入劇であった。当時の明には、朝鮮半島に派兵できる余裕があった。冊封国存亡の危機に、軍を送る選択ができた。

明軍が朝鮮半島に到達すると、豊臣軍と明軍は一進一退の戦いとなる。明の李如《りじょ》松《しょう》率いる軍は平壌を奪還したが、碧蹄館《ピョクチェグァン》（へきていかん）の戦いで完敗、明軍の行動も止まってしまう。

豊臣軍と明軍の朝鮮半島での戦いは、李朝を無視するかのように推移し、両軍には和平の機運が起きる。李朝は和平に反対したが、成果を得られない明は和平への道を選んだ。

だが、日本と明の和平交渉は決裂する。お互いの考えが違いすぎた。明は豊臣秀吉を日本国王として認めようとしたが、覇者を自任する豊臣秀吉にすれば、それはあまりにも見くびられた話でしかなかった。

1597年、豊臣軍はふたたび朝鮮半島に侵攻する。日本では慶長《けいちょう》の役、李朝では丁酉再乱《チョンユジュラン》といわれる。

豊臣軍の第2次朝鮮半島侵攻は、第1次とはまったく様相を異にした。明軍の駐留する朝鮮半島を簡単に北上できない。それもあって、豊臣軍の大名らは朝鮮半島南岸の支配と統治を目指したのである。彼らは、戦国時代を勝ち抜いてきた手法を朝鮮半島に持ち込んだ。彼らは倭城といわれる守りの固い拠点城を築き、倭城を中心に住民統治をはじめた。大名らは、統治域内に多くの朝鮮半島住人を集めようとしたが、豊臣秀吉の死により、撤退している。

豊臣政権は朝鮮半島で何も得ることなく、李朝内で評価を高めたのが、明である。たしかに明軍は朝鮮半島で略奪をおこなっていたが、李朝からすれば救国の軍でもあった。この経験から、朝鮮半島では、慕明、崇明意識が高まった。

ただ、慕明意識は、こののち李氏朝鮮の判断を誤らせる。満洲でヌルハチ、ホンタイジら率いるジュルチン（女真）がふたたび強大化したとき、彼らを侮ることになってしまったのだ。

徳川家康

なぜ李氏朝鮮は、日本との国交を回復させたのか？

豊臣秀吉の朝鮮半島侵攻は、結果的に主役となって戦ったふたつの国の政権を消滅に追いやるものだった。まずは日本で豊臣政権が徳川家康によって簒奪《さんだつ》され、つづいて、朝鮮半島での戦いで消耗した明帝国が李自成《りじせい》の反乱によって滅ぶ。かつて隋帝国は高句麗侵攻の失敗を引金《ひきがね》に滅んだが、朝鮮半島への過剰な介入が、大国を滅亡させるひとつのケースとなった。日本の場合、白村江の敗戦から壬申の乱というケースにつづく、朝鮮半島介入後の内戦を経ての政権交代であった。

徳川家康による幕府の成立は、朝鮮侵攻にあたっての豊臣部将と豊臣文官の対立を梃《てこ》にしている。福島正則、黒田長政ら遠征部将は、文官の「石田三成憎し」のあまり、徳川家康に接近した。関ヶ原の戦いは、豊臣の遠征部将と石田派の激突という様相をなし、豊臣部将をうまく使った徳川家康が覇権を握ったのだ。

徳川幕府が成立するに及んで、徳川家康は李氏朝鮮との国交回復を求めるようになる。徳川家康は李朝を通じて明帝国と接触、明との交易まで狙っていたとされる。徳川家康の対朝鮮外交で主役となったのは、対馬の宗氏であった。宗氏には徳川幕府以上に、国交回復に熱心になる理由があった。もともと、宗氏は日本と朝鮮半島間の貿易で成り立っていた。日本と李朝が対立したままなら、宗氏は窮する。

そのために、宗氏は、常習化していた文書の偽造をここでもおこなっている。「徳川家康の謝罪書翰《しょかん》」を偽造、さらには朝鮮王朝の陵墓を荒らした犯人もでっちあげて、李朝側に差し出している。李朝側も宗氏の作為を疑ったものの、これを受け入れた。

李朝側にも、日本と通交したい事情があった。豊臣軍が朝鮮半島から去るや、満洲ではヌルハチ率いるジュルチンが強大化、彼らに備える必要があった。さらには、日本の徳川幕府の意図を探る必要があった。李朝側は、徳川政権が豊臣秀吉のような征服の野望をもつことを恐れていた。

１６０７年、李氏からの通信使（朝鮮通信使）が日本に派遣され、その後、己酉《キユ》約条が交わされ、徳川幕府と李朝は正式に通交した。以後、朝鮮通信使は江戸時代を通じて、日本へ派遣されている。

対馬藩は江戸時代を通じて、李朝との貿易を独占する。対馬藩は釜山《プサン》に倭館を置き、ここで李朝との取引をした。

光海君

なぜ李氏朝鮮は、勃興するジュルチンの侵攻を許したのか?

豊臣秀吉による侵攻は、李氏朝鮮にとっては危機のはじまりにすぎなかった。そこからすぐに、満洲を制覇したジュルチンが侵攻してきたからだ。

ジュルチンは、かつて満洲から北中国にかけて金帝国を打ち立てた民族の末裔《まつえい》である。モンゴル帝国に滅ぼされてのち、部族はまとまらず、弱体化していた。李朝側も、彼らを侮っていたが、16世紀末、ふたたび強大化をはじめた。ジュルチンを監視する明帝国は朝鮮半島での豊臣軍との戦いに追われ、監視を緩めていた。

その間隙《かんげき》をつくかのように、ヌルハチが建州の部族統合に成功、1598年マンジュ(満洲)国を打ち立てた。以後、この地は漢字では満洲と呼ばれるようになる。ジュルチンもまた「属民」という意味のある「ジュルチン」を嫌い、「マンジュ」を名乗り、漢字では「満洲族」と記されるようになった。

ヌルハチの勢力はさらに拡大、ジュルチン部族を統合、1616年には、アイシン国と称した。ヌルハチは、ハン(君主)として即位している。アイシンは彼らの言語では「金」を意味し、歴史的には後金といわれる。

明とジュルチン（後金）の対立に揺れる李朝（17世紀初期）

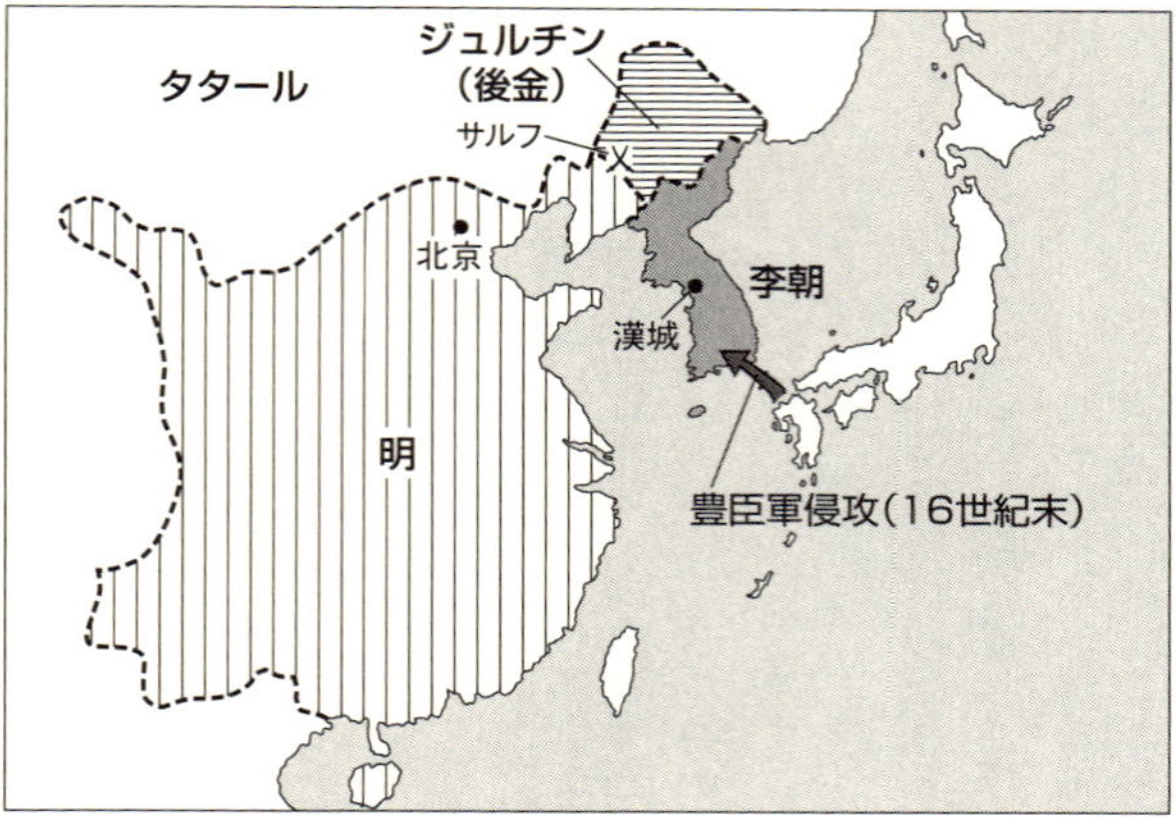

ヌルハチ率いる後金は、打倒明帝国を叫び、満洲で明軍に連勝する。押された明は、李朝にも援軍を依頼、1619年、明・李朝連合軍はサルフの戦いに挑むが、ここでも完敗する。後金は、遼陽《りょうよう》（盛京《せいけい》）を都とし、満洲の強国となっていた。

じつは、李朝によるサルフへの派兵は、サボタージュを伴ったものだったといわれる。当時の国王・光海君《クァンヘグン》（こうかいくん）は、派遣した将軍・姜弘立《カンホンリプ》（きょうこうりつ）に、戦うことなく、後金に下るよう指示したというのだ。

じつのところ、光海君には明に不信感と不快感があった。彼は庶子、しかも次男であったため、本来なら国王になれないのだが、豊臣軍が侵攻していた時代、前述のようにふたりの王子が豊臣軍の捕虜になってしまう。それもあって、李朝側は急遽《きゅうきょ》、世子を立てねばならなくなり、光海君に白羽の矢が立ったのだ。これをとがめたのが、明である。明は庶子・次男である彼の冊封を渋った経緯があり、光海君はこの経緯を根にもち、明に忠実というわけではなかったのだ。

光海君の消極的な反明姿勢は、後金のヌルハチにとっては好ましいものだった。サルフでの勝利ののち、後金が余勢をかって朝鮮半島に侵入することはなかった。だが、光海君の外交路線は李朝宮廷で否定される。親明派の官僚らは、光海君の反明姿勢を許せず、光海君が継母を幽閉《ゆうへい》したことも口実に、光海君をひきずり下ろしてしまったのだ。光海君は廃位され、江華島に流された。代わりに仁祖《インジョ》（じんそ）が即位すると、李朝は親明姿勢を明らかにし、明軍とも連携するようになる。

後金は、親明路線に転換した李朝に態度を硬化させる。ヌルハチの没後、新たなハンに即位していたホンタイジは、１６２７年、廃位させられた光海君の報復を名目に、朝鮮半島に軍勢を侵攻させる。李朝で丁卯胡乱《チョンミョホラン》と呼ばれる侵攻では、仁祖は江華島に逃れるしかなく、かつてのモンゴル帝国侵攻と同じ事態が出来《しゅったい》していた。李朝は、朝貢を条件に後金と講和を結ぶしかなかった。

それは、李朝の二重外交であった。李朝は、依然、明帝国から冊封を受けながらも、後金にも下る姿勢を示していたのだ。明打倒を命題とする後金にとっては、こうした二重外交をひそかに展開する李朝を許せるものではなかった。

三田渡の降伏

なぜ清のホンタイジは、仁祖に屈辱的な仕打ちをしたのか？

李氏朝鮮がいったん形の上で後金に下ったのち、両者の関係は10年近く波風の立たないものとなる。ひとつには、後金のホンタイジが西方遠征を進めたからだ。ホンタイジの目標は、打倒明帝国なのだが、明の万里長城を抜けないままであった。しかたなく後金は迂回《うかい》作戦をとり、内モンゴル（南モンゴル）を攻略していく。1636年、ホンタイジはジュルチン（満洲人）、モンゴル人、満洲内の漢人に推される形で皇帝に即位、国号を清とした。

ホンタイジ（太宗）の皇帝即位は、李朝側には容認できないものであった。李朝にとって、皇帝とは中国大陸王朝を統《す》べる、世界の中心であった。それを辺境の地・満洲の王、いわば蛮族の族長が名乗ること自体が、朱子学の主張する正統を損なうものだったのだ。加えて、李朝側には豊臣秀吉の侵攻から助けてもらった慕明意識もあった。

清帝国側は李朝に対してホンタイジの皇帝即位を推す朝鮮王族の派遣を求めたのだが、李朝はこれを拒否。さらには国境の守りを固めはじめたため、1636年、ホンタイジは自ら軍を率いて朝鮮半島に侵攻を開始した。これが、李朝でいう丙子《ピョンジャ》胡乱《ホラン》である。

1636年の清帝国の侵攻は、破壊的であった。その進軍速度は早く、国王・仁祖はやむなく漢城南方の南漢山城《ナムハンサンソン》に籠城《ろうじょう》、清軍に追い詰められた。仁祖は彼の一族を江華島に逃していたのだが、頼みの江華島は清軍によって陥落させられた。かつてモンゴル帝国の上陸を阻んできた江華島だが、清軍には通用しなかったのだ。

江華島の失陥は、仁祖を決断させた。1637年、仁祖は漢江の渡し場である三《サム》田渡《ジョンド》（さんでんと）に赴く。ここにはホンタイジの宿営があり、仁祖は清帝国皇帝ホンタイジの前で降伏することとなった。ホンタイジ側は、このとき三跪九頭拝《さんききゅうとうはい》という臣礼をとらせている。これは、三度跪《ひざまず》いて、そのたびごとに頭を地面にすりつけるという、国王にとっては屈辱的な礼だった。ホンタイジの前で、仁祖は明との断交、多額の歳幣《さいへい》の貢納《こうのう》を約束させられた。

このあと、ホンイタジは追い打ちをかけるように、降伏の舞台となった三田渡に

「大清皇帝功徳碑《だいしんこうていこうとくひ》」を建立させている。ホンタイジの徳を顕彰《けんしょう》、逆に仁祖の誤りを記した碑であり、満洲語、モンゴル語、漢字で併記されている。

ホンタイジが過剰なまでに仁祖に屈辱的な仕打ちをしたのは、李朝の慕明意識、華夷思想を打ち砕き、誰が世界で一番偉いのかを示したかったからだ。

彼は、すでに満洲・モンゴルの皇帝となっている。明征服も時間の問題のように思えた。にもかかわらず、李朝は彼に尊敬を払わず、皇帝と認めようとせず、しかも明に通じている。李朝は、頑迷で、鼻持ちならない存在に映った。ホンタイジは、李朝に屈辱を与え、誰が世界の支配者なのかを思い知らせたかった。

ホンタイジによって亡国寸前の事態にまで至った李氏朝鮮だが、結局、滅ぶことはなかった。清は朝鮮半島の直接統治を選ばず、李朝国王に統治を任せた。清が支配・統治したかったのは、中国大陸だったからだ。

清帝国の中国大陸制覇

清帝国の平和に組み入れられた朝鮮半島

李氏朝鮮を下した清帝国にとって、総仕上げとなるのが、中国大陸の制覇だった。清帝国は中国大陸侵攻を狙うが、万里長城の東端にある山海関《さんかいかん》の守りは固く、この

清帝国の平和時代の李朝（18世紀）

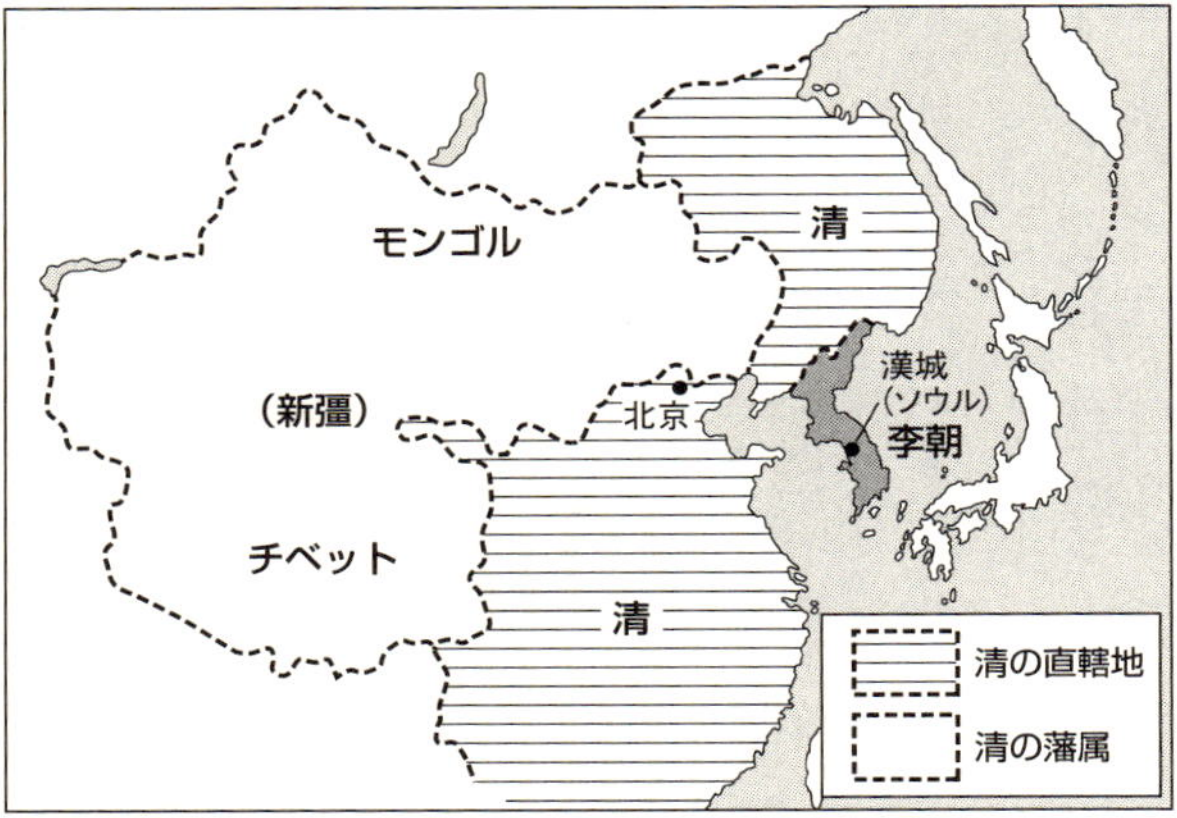

要衝を、清軍は抜けないままだった。

だが、すでに明は豊臣軍、清帝国軍との戦いで疲弊《ひへい》していた。明では李自成率いる農民の反乱が勃発、農民の反乱軍は北京を陥落させる。崇禎帝《すうていてい》は自殺、1644年に明は滅んだ。

明の滅亡は、山海関を守る明の武将・呉三桂《ウサンクイ》（ごさんけい）を動揺させた。呉三桂の軍は、後方から李自成の反乱軍に襲撃されかねない。呉三桂は清帝国に投降、清軍を中国大陸に招き入れた。清帝国は、およそ17年をかけて中国大陸を征服していく。

清では、17世紀半ばから、康熙帝《こうきてい》、雍《よう》正帝《せいてい》、乾隆帝《けんりゅうてい》と3代にわたって優秀な皇帝が続出、18世紀末に至るまで東アジアの平和を確立させる。康熙帝の時代、新たに北方の脅威となりはじめたのは、ロシアである。17世紀半ば、ロシア帝国はシベリアを突破して、沿海州の黒龍江《こくりゅうこう》（アムール川）方面を南下してきた。ロシアの南下に危機感をもった康熙帝はロシアを迎撃、このとき李朝も援軍を送っている。１６８９年、康熙帝はロシアのピョートル１世とネルチンスク条約を結び、国境を確定させた。黒龍江流域を清の領地と認めさせたから、李朝はロシアの脅威を直接に受けることはなかった。

清帝国の中国大陸制覇は、朝鮮半島の安全保障を確実にした。北方の満洲、西方の中国大陸は同一の政権となったから、清に従っているかぎり、外国からの脅威を受けることはまずなくなった。

加えて、17世紀前半、日本の徳川幕府は海禁政策、いわゆる鎖国体制をとり、日本人が海を渡ることはなくなった。すでに倭寇も終息しているから、朝鮮半島は、海からの侵攻を受けることもなくなった。17世紀中盤から19世紀半ばにかけての2世紀、朝鮮半島はこれまでにない平和な環境を得ることになったのだ。

16世紀末から17世紀半ばにかけては、東アジアに勢力再編があった時代である。日本では足利政権、織田政権、豊臣政権が倒れ、徳川幕府が成立した。大陸では清帝国が勃興し、明帝国が消滅した。そんな勢力再編下、何度も侵略を受けた李朝のみが生き残ったのだ。

これは歴史上の謎でもあるが、ひとつの理由には朝鮮半島に李朝を倒す地方勢力がなかったこともあろう。李朝の地方の有力者は、科挙の試験に合格し、中央で官僚になることを目指した。そのうえ、李朝では武よりも文を重んじたから、地方に強力な軍事勢力が興りにくい。日本の戦国時代とは対照的な世界である。

李朝は強国の侵略を受け、外交で失敗を繰り返したが、そのあり方を否定する軍事集団がいなかった。ガタガタの李朝は生き残り、地方に強力な軍事勢力が育っていた中国大陸、日本の政権が滅んだのだ。

さらに中国王朝を信奉する朝鮮半島には、時代を変えようという勢力が生まれにくかった。日本の織田信長、豊臣秀吉、徳川家康、満洲のヌルハチ、ホンタイジ、康熙帝らは時代を変えようとした勢力であり、彼らが近世東アジアを再編した。李朝のみは近世東アジアの再編外にあり、社会は停滞していったのだ。

小中華思想
なぜ李朝の内部で、反清思想が高まったのか？

清帝国の中国大陸制覇は朝鮮半島を安定させるものであったが、同時に李氏朝鮮内部でひとつの思想を凝縮させるものであった。それは、小中華意識、反清思想といえるものであった。

朱子学を奉じる李朝の知識人にすれば、清帝国の支配者であるジュルチン（女真）は野蛮人として格下扱いしてきた民族である。ジュルチンは華夷秩序のなかでは夷狄であり、明こそが世界の中心である。その夷狄が華夷秩序の中心にある明帝国の後継者となるなど、内心では認められないものであった。

明の滅亡後、李朝内部では、反明意識の表れとして崇明意識が強まる。李朝の知識人たちは、すでに自殺して果てた明の崇禎帝の暦を使い、さらには清帝国を打ち倒す北伐論さえも唱えていた。仁祖を震え上がらせた清の軍事力を考えるなら、ありえない構想なのだが、朱子学の理念で世界を考えるなら、大真面目に論議されるものだったのだ。

李朝の知識人には、華夷秩序の中心に、本来は夷狄である清が座ることなどありえない話であった。そこで、明滅亡後、中華秩序の正統な後継者は李朝に移ったと考えるようになったのだ。これが、「小中華思想」といわれるものだ。

小中華思想を奉じるなら、李朝こそが世界の中心であり、もっとも高い文化レベルにある国となる。李朝は表では清に臣従しながらも、裏では清を蔑《さげす》む二面性をもつようになる。もちろん、小中華思想の中心地となった李朝からすれば、日本は夷でしかなかった。

実際のところ、李朝の両班は学問を重視し、漢人と同じレベルで漢文を操った。李朝は漢籍文明の継承者だったのだが、世界の中心であったかというと、話は別になる。東アジアの中心には、満洲・モンゴル・中国大陸・チベットを従える清があり、清は高い文化レベルを誇った。世界には、清のみならず、高い文明をもつ国があったのだが、李朝はこれを無視してしまった。

小中華思想に似た、自らの国を世界一と考える意識は、いまなおどの国にもある。現代日本にもあるのだが、たいていの国では現実をみて、そうでないことも実感する。李朝の小中華思想は、朱子学によって理論化されたため、ことさらに強固なものになってしまった。李朝の小中華思想は長く朝鮮半島に残り、ときに誤った外交判断の一因になっているのだ。

その一方、李朝では北学《ブッカク》という一派も起きている。北学は、繁栄を遂げている清帝国から学ぼうという知識人集団だ。李朝の知識人の一部は清を訪れる機会があり、そこで清の文化、さらには清にもたらされた西洋文化にも接触した。そこから、すぐれた技術や手法を積極的に学ぼうと主張しはじめたのだ。北学の名がついたのは、清帝国の出自がもともと朝鮮半島の北辺の満洲にあったからだ。
北学はやがて実学派《シラク》を生むのだが、李朝で北学派、実学派が主流となることはなかった。

キリスト教の浸透

なぜキリスト教は、中国大陸経由でもたらされたのか？

16世紀は、東アジアにヨーロッパの勢力が海から到達した時代である。朝鮮半島からすれば、南の勢力の到来となる。ただ、じつのところ、李氏朝鮮はこの時代、日本や明帝国とは違い、ほとんど欧州の勢力との交渉はない。17世紀にオランダ人が朝鮮半島に漂着したくらいであり、李朝は19世紀まで欧州勢力とは無縁といってよかった。

にもかかわらず、李朝には17世紀にはキリスト教が流入している。それは、清を通じてのものだ。16世紀以来、清や日本には、多くのカトリックの宣教師が訪れた。日本ではやがてキリスト教は禁圧され、清でも認められなくなるが、清の場合、それでも一部の宣教師の滞在を許していた。清にはカトリックが残り、カトリックは清を通じて朝鮮半島にも流れ込んでいたのだ。

李朝では、当初、キリスト教を「西教《ソギョ》」、西洋の技術を「西学《ソハク》」と呼んでいた。ともに西洋からの到来を意味し、西教はやがて天主教《チョンジユギョ》（てんしゅきょう）と呼ばれるようになった。天主教は、18世紀末には信者を増やしている。

朝鮮半島でキリスト教信者が受容されたのは、キリスト教が神の前での平等を説いたからだ。李朝の奉じる朱子学には、人間の平等はない。文化レベルによって人間の序列が決まり、科挙受験合格者である両班は圧倒的な上位にある。そんな両班体制に不満を抱く者にとって、キリスト教の平等思想は新鮮だったのだ。

だが、キリスト教徒の増加に、李朝は不安を抱いた。キリスト教を「無父無君」の思想であるとし、1800年から弾圧をはじめる。弾圧を受けながらもキリスト教は根強く生き残り、韓国はいまなお東アジアでもっともキリスト教を信奉する国となっている。

6章

李朝衰亡・大韓帝国期

なぜ李朝は、近代化が遅れ、列強の餌食になったのか？

シャーマン号事件

なぜその勝利が、李朝の判断を誤らせる結果となったのか？

19世紀、東アジア世界は激動の時代を迎える。産業革命を成功させた西洋勢力が、争うかのように利権を求めて、東アジアに進出をはじめたからだ。朝鮮半島は、新たに南の勢力といえる欧米の力を見せつけられることになるのだ。

東アジア世界にとって衝撃だったのは、１８４０年に勃発《ぼっぱつ》したアヘン戦争だ。清帝国がイギリスに敗れたその衝撃は日本にも伝わり、水野忠邦《ただくに》による天保《てんぽう》の改革が発動する。１８５３年、アメリカのペリー提督率いる艦隊が浦賀に来航すると、日本も長年の海禁政策を捨てて、開国を選択した。日本国内では攘夷《じょうい》か開国かで激しい争いが起き、徳川幕府が消滅、明治政府が成立した。明治政府は欧米列強に征服されないように、国力をつけるべく近代化をはじめる。同じころ、清帝国も近代化を図り、日本、清は近代化に生き残りの道を模索しはじめていた。

そんななか、李氏朝鮮にも欧米列強が迫ってきた。朝鮮半島沿岸には西洋船が遊弋《ゆうよく》しはじめ、李朝ではこれを「異様船」と呼び、警戒した。１８３０年代にはフランス人神父が朝鮮半島に潜入、１８４６年にはフランス船が訪れている。

李朝の選択は、欧米列強の排除であった。指導したのは、高宗《コジョン》（こうそう）の父であり、大院君《テウオングン》（だいいんくん）として知られる人物だ。１８６３年、李朝では哲宗《チョルチョン》（てっそう）が嗣子《しし》のないまま死没すると、興宣君《フンソングン》（こうせんくん）の子が高宗として即位する。高宗はまだ12歳と若年だったこともあり、実父の興宣君が大院君の称号を得て、実権を握った。以後、彼については大院君で通す。

じつのところ１８６３年から１８９０年代までの朝鮮半島の歴史は、高宗の外戚と大院君の対立の歴史である。李朝では王族同士の権力争いは絶えず、高宗とその父・大院君も権力闘争を繰り広げてきた。そこに官僚が加わるのはつねであるうえ、19世紀末から外国勢力も絡みはじめたから、宮廷闘争はより激しいものになった。

西洋勢力の接近に対して、大院君が掲げたのは、「衛正斥邪《ウエジョンチョクサ》（えいせいせきじゃ）」である。彼はキリスト教や西洋の学問を邪として排斥、朱子学のいう正統を守ろうとしたのである。それは、日本で1850年代中盤から1860年代中盤にかけて吹き荒れた尊皇攘夷思想と似ていたが、日本の尊皇攘夷運動より対外的勝利という結果を出していた。

1866年、アメリカの商船ゼネラル・シャーマン号が開国と通商を求めて、大同江を上り、平壌にまで至った。シャーマン号は大同江の羊角島《ヤンガクト》（ようかくとう）付近で座礁《ざしょう》してしまう。そこを李朝側が襲い、乗員をすべて殺している。李朝は、衛正斥邪を実行、アメリカを退けたのだ。

同年、フランス艦隊が江華島《カンファド》（こうかとう）を占拠ののち、漢江《ハンガン》（かんこう）から漢城《ハンソン》（かんじょう）に迫ろうとした。このときも李朝は迎撃に成功、フランス側の死傷者は30名以上にも及び、フランス軍を撤退させている。

1871年、アメリカは5隻の軍艦で江華島に迫った。アメリカは陸戦部隊を上陸させたが、李朝側の抵抗は激しく、撃退されている。

日本の尊皇攘夷運動では、長州が下関戦争で4か国艦隊に降伏、薩英《さつえい》戦争では鹿児島市街がイギリス艦隊に焼かれている。日本人はこれにより攘夷が不可能であることを認めざるをえなかったが、李朝は3度も衛正斥邪に成功、外国勢力排斥の自信を深めたのだ。これが、皮肉にも朝鮮半島の近代化を遅らせる一因にもなっているのだ。

日朝修好条規

なぜ李氏朝鮮は、日本相手の開国を決断したのか?

1860年代から70年代初めに、アメリカとフランスの要求を武力で斥《しりぞ》けた李氏朝鮮だが、1876年に開国を余儀なくされる。開国を迫ったのは、日本の明治政府だった。

明治政府が李朝に国交を求めたのは、同政府が「欧米スタンダード」に基づく外交を志向しはじめたからだ。西洋列強の力に屈して開国を選んだ日本にとって、西洋列強に対抗するには、西洋式の外交を学び、実施することであった。

日本は、東アジアにあって、西洋式の国交をもち込んだ。それまで東アジアでは日本と清の国交はなかったが、明治政府は1871年に清とも国交を結んでいる。同時並行して、明治政府は李氏朝鮮にも使者を送っていたのだ。

明治政府と李朝の交渉は、簡単にはまとまっていない。明治政府は1868年、李朝に王政復古を告げる文書を送っているが、大院君はこれを無礼として受け取りを拒否していた。日本側の文書に、「皇」「勅」という文字が使われていたからだ。「皇」も「勅」も、東アジアの華夷秩序下では、中国皇帝のみが使う文字であった。にもかかわらず、華夷秩序のなかでは、李朝よりも下位でしかない日本が平気でこうした文字を使っている。衛正斥邪を標榜《ひょうぼう》する李朝の大院君には、礼儀を知らない日本とつきあう気はなかった。

だが、1873年、排外主義者である大院君は、宮廷闘争に敗れ、失脚する。代わって、国王の高宗と王妃の閔《ミン》（びん）氏（明成皇后《ミョンソンファンフ》）が実権を握り、いわゆる閔氏政権が誕生したのだ。この時期、李朝は日本の不気味な圧力を感じはじめていた。1870年代初頭、明治政府の板垣退助らは、国交拒否を繰り返す李朝を無礼とし、征韓論を唱えはじめていた。日本国内でも征韓論が勢いをもち、対朝鮮外交に西郷隆盛が乗り出しはじめる。日本の征韓論は、清により李朝にも伝えられている。

李朝からすれば、それは豊臣秀吉以来の東方からの脅威に思えた。宗主国である清は1856年からのアロー号戦争でイギリス、フランスに敗れていたうえ、国内は1851年以来の太平天国の乱で混乱していて、日本への対抗勢力となりにくい。日本国内では、征韓論者は政治的に敗北したとはいえ、1874年には日本は琉球島民の殺害を理由に台湾にも出兵している。日本の脅威は、明らかだった。

明治政府が李朝開国に向けてとった手法は、砲艦外交であった。1875年、明治政府は軍艦「雲揚《うんよう》」を朝鮮半島沿岸に派遣、江華島近くを遊弋させた。江華島の砲台から日本側に発砲があると、すぐに反撃、砲台を沈黙させた。雲揚は、陸兵を江華島近くの島に上陸させ、李朝に圧力をかけた。

日本の圧力に、李朝は1876年に開国を決断する。日朝修好条規が結ばれたが、明治政府の手法はここでも列強に倣《なら》ったものだった。江戸幕府が列強に不平等条約を押しつけられたのと同様に、明治政府は李朝に不平等条約を押しつけた。江戸幕府が不平等条約と知らずに調印したように、李朝側も条約の意味がわかっていなかったようだ。

当時、欧米列強は不平等条約の押しつけを常套《じょうとう》とし、平等条約を結ぼうとする国は糾弾された。日本は、欧米側に難詰《なんきつ》されないためにも、不平等条約を押しつけたのだ。これをきっかけに、李朝は欧米列強とも不平等条約を結び、完全開国化していく。

日本の押しつけた開国は、西洋列強の帝国主義的なものであった一方、李朝の独立を認めたものであった。当時、清は李朝の宗主国を自任していたが、日本は清を無視するかのように、李朝を清から独立した国家として扱おうとしたのだ。

そこには、日本の清への対抗意識もあれば、安全保障の意味もあった。当時、日本がもっとも恐れていたのは、ロシア帝国の南下である。ロシア帝国の南下がとどまるところがなければ、朝鮮半島はロシアの影響下に入る。日本は対馬海峡を隔てて強国ロシアと接しなければならず、それは日本のもっとも避けたい事態であった。日本は、李朝が強固な独立国家となり、自らの楯となることを期待したのだ。

甲申事変

なぜ金玉均の近代化政策は、挫折したのか?

李氏朝鮮では、開国後も激しい宮廷闘争が展開される。開国は李朝に近代化を求めるものであり、李朝内では急進改革派と穏健派に分かれ、さらには潜在的な衛正斥邪を願う勢力が角逐し合う。これに、日本、清帝国が絡み、宮廷闘争が繰り広げられる。

李朝の近代化のきっかけとなったのは、金弘集《キムホンジプ》（きんこうしゅう）をはじめとする修信使の日本派遣だ。修信使は日本や世界の変化を探ることを目的とし、明治時代の岩倉遣欧使節にも似ている。金弘集らは日本の西洋化に大きな衝撃を受け、李朝でも近代化の改革がはじまったのだ。李朝では、金弘集、金玉均《キモッキュン》（きんぎょくきん）をはじめ開化派官僚が登用され、さらには日本、清へと留学生を派遣した。軍制改革のために、日本から軍人を招いた。

李朝の開化路線は、宮廷闘争によって揺らぐ。1882年、軍の兵士の反乱が起きると、危機を悟った高宗は大院君に権力を差し出す。軍乱は日本、清帝国の関知するところとなり、日本軍将校が殺されたこともあり、日本、清双方が朝鮮半島に軍を送り込んだ。朝鮮半島に、またも外国軍が本格的に登場しはじめたのだ。清は反抗的な大院君を自国に連れ去り、閔氏をふたたび政権につけたのだ。これが、壬午軍乱《イモグルラン》だ。

清が李朝に大きく関与してきたのは、ひとつには日本の存在を意識したからだ。李朝の近代化を支援しようとする日本勢力の朝鮮半島浸透は、李朝の宗主国を自任する清にとって、清の朝鮮半島における力を侵害するものであった。

清を後ろ楯とした閔氏政権にあって、開化派は金弘集らの穏健派と金玉均の急進開化派に分かれていく。穏健派は清との関係を重視、清の近代化手法である洋務運《ようむうん》動《どう》をモデルともした。一方、急進開化派は日本との結びつきを強め、明治維新をモデルとし、清からの完全独立を目指した。慶応義塾の福沢諭吉は、後者を支援している。ふたつの開化派の対立は、李氏朝鮮を巡る清と日本との対立でもあった。

こうした対立のなか、金玉均ら急進開化派がとったのは、クーデターであった。1884年、清はベトナムでフランスとの戦いを余儀なくされ、朝鮮半島に集中できないと思われた。金玉均はその隙をつき、日本軍の支援を得て、宮廷を制圧、政権を奪取した。

だが、それは三日天下でしかなかった。閔妃は清軍の支援を要請、1500名の清軍の前に、150名しかない日本軍は撤退を余儀なくされた。これが甲申事変《カプシンジョンビョン》であり、李朝の近代化運動の挫折でもあった。福沢諭吉はこれに失望、日本の「脱亜入欧」を説くようになった。金玉均は日本へと亡命、のちに上海で閔氏政権によって暗殺されている。

甲申事変は、朝鮮半島における日本勢力の敗北であった。朝鮮半島の日本派は大きく減退したが、日本は諦めなかった。日本にとって、朝鮮半島での障害が清であることは明白となった。清との軍事的対決に勝てば、日本主導の朝鮮半島の近代化は夢ではない。日本は事変後、清と交渉、朝鮮半島に派兵する場合は、相互に事前通告するという天津《てんしん》条約を交わしている。

天津条約は、ある意味で日本の勝利ともいえた。朝鮮半島に最大の影響力をもつ清とて、自由には朝鮮半島に兵を置けないということになったからだ。そして、1884年の時点では、日本は清の軍事力に対抗できないと自覚していた。日本は、その後の形勢逆転を期していたのだ。

巨文島占拠

なぜイギリスは突如、半島の南の小島に拠点を構えたか?

甲申事変以後、朝鮮半島における列強の角逐はより激しくなった。というのも、ロシアとイギリスの対立が、朝鮮半島に移されたからだ。

ロシアを朝鮮半島に引き込んだのは、李氏朝鮮側である。李朝は、朝鮮半島での清帝国、日本の勢力拡大を嫌い、対抗勢力としてロシアを朝鮮半島に招き入れたのだ。李朝とロシアは密約を結び、李朝の国軍、警察をロシアの管理下に置き、元山《ウオンサン》をロシアに貸与することなどが交わされた。

この密約は、やがてイギリスの知るところとなった。イギリスにとって、ロシアが朝鮮半島の元山を軍港とすることは、許しがたい脅威であった。当時、ロシアはユーラシア大陸全体で南下政策を強め、世界各地を植民地としているイギリスの権益を脅かそうとしていた。1850年代には、クリミア半島で両国は激しくぶつかっていた。ロシア海軍が元山を拠点とするなら、イギリスが統治する香港も安全とはいえなくなる。

ロシアとの対立から、イギリスも朝鮮半島に首を突っ込み、1885年、朝鮮半島南端の小島である巨文島《コムンド》を占拠してみせた。それも、李朝には無断でのことだ。イギリスは巨文島を海軍基地化しようとすることで、ロシアによる元山の軍港化に待ったをかけたのである。そこに、朝鮮半島の主権はなかった。

この時点で、ロシアには極東でイギリスと戦う余裕はなく、密約を実行するまではできなかった。イギリスも巨文島から去り、朝鮮半島での英露激突の危機は去っているが、朝鮮半島内でロシア勢力が橋頭堡《きょうとうほ》を築きはじめたのだ。朝鮮半島で、外国勢力の安易な引き入れがあるたびに、朝鮮半島の危機指数は増してくるのだ。

日清戦争

朝鮮半島のあり方を巡って、日中が朝鮮半島で軍事衝突

1890年代初頭、日本は清と戦ってでも朝鮮半島から清を駆逐する意志を固めていた。日本は、清保護下の朝鮮半島の脆さに危機感を抱き、自らの勢力圏に置こうと考えはじめたのだ。

それは、ベトナムでの清の敗退をみたからでもある。1884年、清はベトナムを巡ってフランスと戦い、敗れる。1885年の条約では、清はベトナムの宗主国の座を放棄させられ、代わってフランスがベトナムの植民地化をはじめる。この構図が朝鮮半島に移り、清が朝鮮半島を巡ってロシアとの対決に敗れるなら、朝鮮半島はロシアの影響下に入る。ロシアを極度に恐れる日本としては、最悪の未来であり、日本は朝鮮半島から清を排除するつもりであった。

日清対決のきっかけは、朝鮮半島での内乱だった。1894年、李朝では甲午《カボ》農民戦争（東学《トンハク》の乱）が起きる。当時、朝鮮半島では世直しの信仰「東学（とうがく）」が広まっていた。李氏朝鮮では開国後、経済が混乱し、敵を外に求めはじめた。東学は「斥倭洋《チヨグエヤン》」、つまり西洋と日本の排斥を唱え、不満をもつ農民らを魅了、農民らはついには反乱をはじめた。農民らは全州《チヨンジユ》城を占拠する。

こうした状況に、高宗は清に軍事的支援を要請、日本もまた天津条約に則って朝鮮半島に軍を送り込む。やがて李朝側は清軍、日本軍の引き入れを後悔、両軍を朝鮮半島から追い返そうとする。李朝は東学党と停戦協定を結んだから、清軍、日本軍には朝鮮半島に駐留する理由がなくなった。これに対して、日本は清に李朝の内部改革を提案したが、清はこれを拒否。朝鮮半島で思うようにならない日本は、ここで軍事行動に打って出た。

まずは王宮を占拠し、閔氏政権を崩壊させたのち、金弘集を首班とする政権を樹立させた。日本は清に宣戦布告、日清戦争となった。

日清戦争は、日本と中国が朝鮮半島を戦場とした3度目の戦いでもある。と同時に、近世の朝鮮半島が大国の勢力角逐の戦場となった最初の戦いでもある。日本が自国の防衛上、朝鮮半島に執拗にこだわりはじめたため、朝鮮半島の戦略的地位が大きく高まってしまったのだ。

日清戦争では、日本軍の連戦連勝となる。日本陸軍は朝鮮半島から清軍を駆逐し、さらには満洲での戦いも優位に進める。

日清戦争のさなか、日本は李朝の改革に手をつけている。長く根付いた科挙を廃止させ、身分差別を撤廃、租税の金納化、清の暦の廃止、朝貢の廃止などを実施した。すべては開化派の構想していたものだったが、日本は力ずくで実行しようとした。朝鮮半島では、これに対する反乱が続出するが、日本の軍事力の前には鎮圧されるしかなかった。

1995年、清は日本との戦いを断念、下関条約を結ぶ。清は李朝の宗主国の立場を放棄させられ、朝鮮の独立が認められた。朝鮮は独立したものの、今度は日本の主導下に置かれそうになった。

だが、日清戦争の勝者である日本は、朝鮮半島の主導国にはなれなかった。清に代わって、李朝ではロシアの影響力が強まったからだ。すべては、日本が三国干渉に屈したことからはじまる。

露館播遷

なぜ日清戦争後、日本ではなくロシアの影響力が高まったのか？

日清戦争に勝利した日本は、清に朝鮮半島の独立を認めさせるとともに、清から遼東半島を割譲《かつじょう》させている。

これを不満としたのがロシアである。ロシアは東アジアでの南下を狙い、満洲の南端にある遼東半島を不凍港の海軍基地として狙っていた。

ロシアは、フランス、ドイツを誘い、日本に遼東半島を清に返すよう圧力をかけてきた。これが、三国干渉である。ロシア、フランス、ドイツという列強の威嚇《いかく》の前に、日本は屈する。

日本の屈伏は、朝鮮半島にも大きな影響をもたらした。李氏朝鮮の宮廷は、大きな権威としてきた清が、日本に敗れるさまもみたが、そのすぐあと、日本がロシアに完全屈伏する様子もみた。日本とロシア、どちらが強く、頼りになるかは明らかだった。これまでも大国の狭間で揺れつづけてきた朝鮮半島の政治家は、強い勢力に一気になびく。李朝は、清に代わる後ろ楯をロシアに求めようとした。

日本にとって、朝鮮半島でのロシアの影響力拡大は誤算であった。日本の公使である三浦梧楼《ごろう》は、強引な手段に出る。1895年、彼は日本軍守備隊を使い、宮廷に侵入、親ロシア派と目された閔妃を殺害した。

閔妃暗殺は朝鮮半島での日本の評判を落とし、日本の求める改革への反発が強まった。加えて、李朝の国王である高宗を、完全にロシアに走らせる結果となった。1896年、親ロシア派の李完用《イワニヨン》（りかんよう）、李範晋《イボムチン》（りはんしん）らの手引きによって、国王・高宗は王宮を離れ、ロシア公使館へと移った。これを「露館播遷《ろかんはせん》」といい、事実上、李朝国王がロシアの保護下に入ったことを意味した。

ロシアに守られた高宗に、日本側はアプローチできず、ロシア公使館にある高宗と親露派が、政治の主導権を握ったのだ。日本はロシアと交渉、いくつかの李朝に関わる協定を結んだが、ロシアの李朝における政治的な優位は動かなかった。政権を担っていた金弘集は、親日派と見なされ、民衆に打ち殺されている。李朝では、政治家は暴力から守られなかったのだ。

大韓帝国の成立

なぜ清の反対は、無視されたのか?

国王・高宗がロシア公使館にあった「露館播遷」時代、朝鮮は国号を改めている。1897年10月、高宗は皇帝に即位、大韓帝国が成立したのだ。

大韓帝国は、皇帝独裁を至上とした国家である。「万世変わらざる専制政治」をうたい、皇帝に権力を集中させた。日本が朝鮮半島に影響力を伸ばそうとしている時代、皇帝が全権を掌握《しょうあく》することで、日本に対抗しようとしたともいえる。

この時代、世界では皇帝が幅をきかせていた。ロシア帝国にはツァーリがいたし、ドイツ帝国にはカイザーがあり、日本には天皇があった。大韓帝国もこうした皇帝国家に仲間入りし、世界の諸国家と渡り合おうとしたのである。

高宗の皇帝即位は、清帝国の権威が朝鮮半島で暴落していたことを如実に表すものであった。中国王朝にとって、東アジア世界で皇帝を名乗れるのは、中国王朝のみである。中国の冊封国であった朝鮮では、国王は「皇帝」を名乗れるはずもない。だが、日清戦争で清は日本に敗れ、朝鮮半島への影響力をガタ落ちさせていた。代わって、帝政ロシアが高宗の後ろ楯になろうとしていた。だからこそ、清の影に怯《おび》えることなく、皇帝となれたのだ。

　これに対して、清は大韓帝国を対等な国として扱うことを拒んだ。清は大韓帝国との条約締結を拒否したが、ここでロシアや日本の公使が動く。この時代、清はロシア、日本に対して強気になれない。清は渋々、清韓通商条約を結んでいる。

　大韓帝国の成立した時期、朝鮮半島では独立を守ろうとする気運が生まれていた。李氏朝鮮は長く清の保護国扱いであり、日清戦争後の下関条約で初めて独立が認められた。独立したといっても、北からはロシアの勢力、東からは日本の勢力が朝鮮半島に浸透をはじめ、真の独立とはいえなかった。１８９６年には、李完用を委員長とする独立協会が発足している。

　ただ、大韓帝国の場合、真の独立を勝ち取るための道は険しすぎた。近代国家として独立を保つためには西洋式の近代化が必須だったし、徴兵制度に基づく強力な近代軍の養成も必要だった。そのためには莫大な資金が必要であり、国民の抵抗を抑えつける決断も要した。これができねば、他国に蚕食《さんしょく》されるのが、19世紀末から20世紀初頭の世界であった。大韓帝国に残された時間は少なかった。

　実際、大韓帝国の成立前後、欧米列強や日本は韓国に利権を確保しはじめている。フランスは漢城《ハンソン》と新義州《シニジュ》を結ぶ京義線《キョンウイ》の敷設権を、アメリカは漢城と仁川《インチョン》（じんせん）

を結ぶ京仁《キョンイン》線の敷設権を、日本は漢城と釜山《プサン》を結ぶ京釜《キョンブ》線、漢城と元山《ウォンサン》を結ぶ京元《キョンウォン》線の敷設権を手に入れている。当時、鉄道こそは近代化、植民地化のエンジンであった。やがて日本はアメリカとフランスの敷設権までも手に入れ、朝鮮半島に鉄道網を築いていった。

日露戦争

なぜ日本は、朝鮮半島を巡って大国との戦争を決意したのか？

朝鮮半島における日本とロシアの対立は、１９０４年の日露戦争となる。日本は経済的に朝鮮半島に浸透していったが、大韓帝国皇帝である高宗と密接だったのは、ロシアである。日本は朝鮮半島におけるロシアの浸透を断つため、戦争を仕掛けるに至ったのだ。

日本が朝鮮半島にことさら執着するようになるのは、１９００年の清での義和団《ぎわだん》事件（北清事変）以後である。排外を唱える集団・義和団が北京に侵攻すると、各国の公使館が危なくなる。日本、ロシアを主力とする８か国は軍を共同出兵し、義和団を鎮圧させた。

この事件処理により、清は半ば植民地化されたも同然となったが、ロシアは騒動に乗じて満洲に軍を駐留させたまま、撤兵することがなかった。満洲が実質、ロシアの手に落ちるなら、その南に地つづきの朝鮮半島もまたロシアの影響下にはいる。日本は、朝鮮半島のロシア化を恐れた。

ここで、日本はロシアとの取引をもちかける。日本が満洲におけるロシアの優越を認める代わりに、朝鮮半島における日本の優越をロシアに認めさせようというものだ。

ロシアは、この取引に興味をもたなかった。日本は新興の弱小国にすぎない。すでに韓国の宮廷は、ロシア寄りである。このままいけば、熟柿《じゅくし》が落ちるように、朝鮮半島もロシアの勢力圏下になると思われたのだ。ロシアは韓国国境に兵力を集中させていたし、鴨緑江以南の韓国領にさえ軍事基地をつくりはじめていた。

ロシアとの交渉に失望した日本は、１９０４年、ロシアとの戦争を決意する。陸軍を朝鮮半島の仁川に上陸させ、戦いははじまった。

日本からすれば、ロシアとの戦いは国家存亡をかけたものだった。相手は、ナポレオンの帝国をも打ち倒したロシアである。勝ち目は薄いうえ、大きく敗れるなら、朝鮮半島での影響力を喪失するどころか、対馬の安全保障さえもが怪しくなる。ロシア艦隊が朝鮮半島を根拠とするなら、東京湾はロシア艦隊の侵入に遭わないともかぎらない。それでも、日本はロシアとの戦いを決意した。当時の日本は、朝鮮半島を譲れない防衛ラインと見なしていたのだ。

日露戦争は、その序盤に朝鮮半島を舞台とし、やがて満洲での対決となる。日本軍は陸海でロシア軍を押し切り、１９０５年、ポーツマス条約の調印となる。これにより、日本は韓国に対するいっさいの指導、保護、監督権をロシアに認めさせている。韓国は、実質、日本の保護国にはいろうとしていた。

ハーグ密使事件

なぜ大韓帝国は、列強に訴え、無視されたのか？

日本による大韓帝国の保護国化は、外交権の剝奪《はくだつ》からはじまる。朝鮮半島から外交権を奪ってしまいさえすれば、朝鮮半島に日本に敵対的な勢力が浸透しにくい。

１９０５年11月、伊藤博文は特派大使として韓国に向かい、保護条約の調印を求めた。韓国側は、李完用をはじめ5名以上の大臣が賛成、条約を調印した。

保護条約締結によって、韓国の外交権は日本の外務省の管理下に置かれた。また、漢城には日本政府から統監が派遣され、韓国の外交を取り仕切った。１９０６年には統監府が置かれ、初代統監には伊藤博文が就いている。

朝鮮半島では日本の一連の保護国化政策に反発が起きていたが、もっとも反発していたのは、皇帝である高宗だ。１９０７年、高宗はオランダのハーグで開かれていた第２回万国平和会議に、皇帝の全権委任状を携えた密使を送り込もうとした。密使たちは、会議で日本の保護国化の無効を訴えようとしていたが、会議への参加を拒否されている。

高宗がハーグへの密使を構想したのは、朝鮮半島にとって南の勢力、つまりは欧米こそが最後の頼みだったからだろう。すでに西の大国・清は没落、北の大国・ロシアは日本に敗れている。東の大国・日本を抑えられるのは、南の大勢力である欧米しかいなかった。日本が欧米を恐れていることも、知っていただろう。

だが、高宗の秘策は欧米列強に無視されてしまった。すでに日本は、韓国の保護国化を列強に認めさせていたからだ。１９０５年、日本はアメリカと桂・タフト協定を結び、アメリカのフィリピン支配を認める代わりに、日本の朝鮮半島支配をアメリカに認めさせていた。日本はイギリスとは同盟関係にあり、イギリスもまた日本の朝鮮半島支配を認めていた。

ハーグ密使事件は、外交権を日本に委ねたはずの韓国側の反抗であった。伊藤博文は、高宗を強制的に退位させ、皇太子である純宗《スンジョン》（じゅんそう）を即位させている。

7章 日・米ソ統治期 なぜ朝鮮戦争は、半島統一の戦いから変質していったのか？

安重根 なぜ、伊藤博文を暗殺したテロリストが、英雄視されるのか？

1909年10月、当時、日本の枢密院議長であった伊藤博文は満洲のハルビンを訪れ、ここで韓国問題についてロシアと折衝するはずだった。そのハルビン駅頭で、伊藤は韓国人・安重根《アンジュングン》（あんじゅうこん）の銃撃を浴び、暗殺されてしまった。

伊藤は初代韓国統監として、韓国の保護国化を進めてきた人物である。韓国の独立を目指す勢力にとっては、許しがたい敵であった。だが、伊藤ひとりを暗殺したところで、日本の対韓国の方針が変わるわけではない。むしろ、テロリストを生み出す朝鮮半島のあり方を変えるべく、日本は韓国の併合を急ぐことになった。

伊藤を暗殺した安重根は処刑されるが、現代韓国では安重根は救国の英雄として扱われている。韓国海軍の孫元一《ソンウォニル》（そんげんいち）級潜水艦の3番艦には、安重根の名が冠せられている。また、韓国の朴槿恵《パククネ》大統領は、中国の習近平主席に依頼し、ハルビンには安重根記念館が建った。現代韓国にとって、安重根は反日のシンボルともなっている。

もちろん、日本からすれば、ただのテロリストであり、けっして英雄ではない。古来、古代ローマのカエサルを暗殺したブルータスも、日本の幕末で大老・井伊《いい》直《なお》弼《すけ》を暗殺した水戸藩の武士たちも、英雄には扱われない。だが、朝鮮半島では、安重根はテロリストではなく、愛国者、義士であり、その評価が今日に継承されているのである。

韓国併合

新羅統一以来、初めて異国の完全統治下に置かれた朝鮮半島

１９１０年8月、日本と韓国は「韓国併合ニ関スル条約」を締結し、これにより韓国は正式に日本に併合された。それまでの統監府が朝鮮総督府となり、朝鮮半島

朝鮮の主権が失われた時代（1930年代）

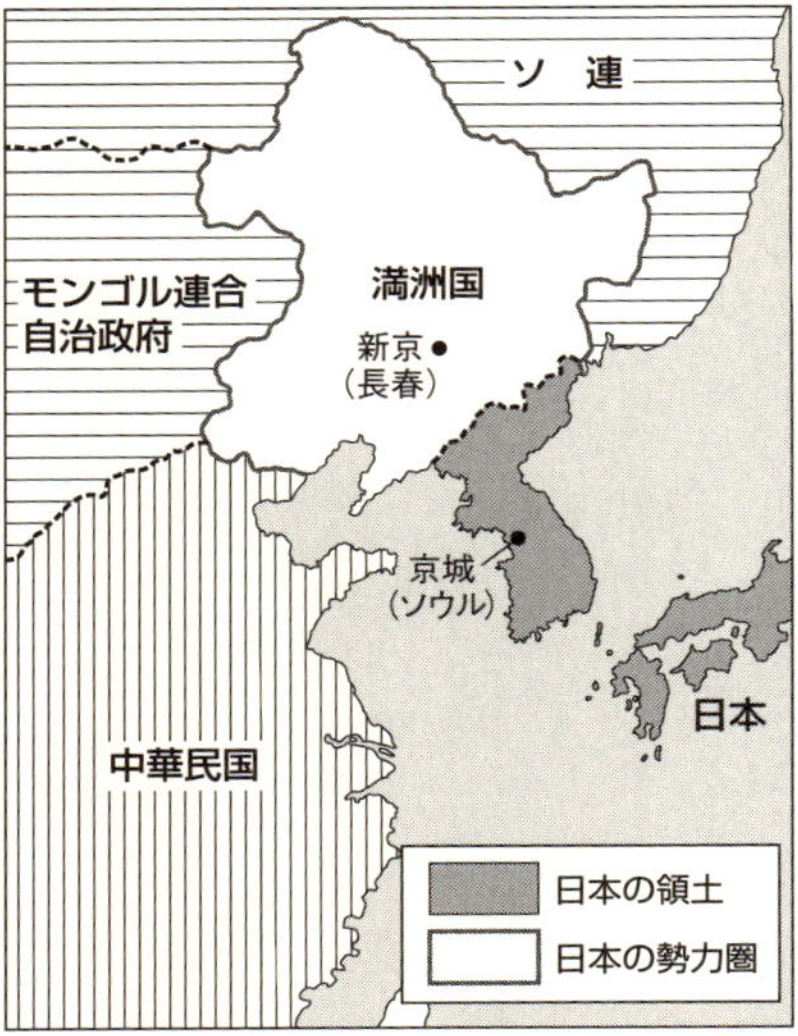

を治めた。初代総督には、寺内正毅《まさたけ》が就いている。それまで韓国のトップにあった皇帝、皇族は、王族・公族として残された。純宗皇帝は昌徳宮李王《チャンドックンイワン》（しょうとくきゅうりおう）に、廃位されていた高宗《コジョン》は徳寿宮李太王煕《トクスグンイテワンヒ》（とくじゅきゅうりたいおうき）となった。彼らは、日本の皇族並みに扱われることになった。

日本による韓国統治はおよそ36年に及ぶが、それは長い朝鮮半島の歴史のなかで異質なものであった。新羅の統一以来、朝鮮半島は異国の軍勢の侵攻をたびたび受け、征服されているものの、直接に完全統治を受けたことはなかった。

高麗を下したモンゴル帝国も、高麗国王による統治を許し、高麗の内政にはそうは突っ込まなかった。李氏朝鮮を臣従させた清帝国とて同じであり、李朝の国王に統治を任せた。そうした長い歴史のなか、日本は李朝から権力を完全に奪い、自らが統治したのである。

日本による統治は、朝鮮半島では同化主義といわれる。日本は、朝鮮半島を本国と同じレベルに扱おうとした。それは、西洋化、近代化、それも日本ナイズされた西洋化、近代化の強制でもあった。明治以来、日本は西洋型の国づくりを進めてきて、すでに統治下にあった台湾でも西洋型の国づくりをはじめていた。これをそのまま朝鮮半島にも移植しようとしたのだ。日本の統治のあり方は、こまかく口を出すものであり、現地の反感を買いやすいものであった。

実際、日本の統治は朝鮮半島での反発を呼んだ。日本でも、明治初期、明治政府の方針は多くの反発を呼び、それが一揆や反乱にもつながった。台湾統治でも初期には反乱があり、朝鮮半島でも同じであった。とりわけ既得権を奪われた両班層は反発し、いまなお、当時の日本の統治に異議を唱える韓国人は多い。

韓国人が日本の統治を許せないのは、初めての直接完全統治だったこともあるが、彼らからすれば蛮族による支配だったからだ。長く朱子学を奉じてきた朝鮮半島では、朝鮮こそ世界の中心であるとする小中華思想が浸透していた。朱子学の序列からすれば、日本は朝鮮よりも下位にある。仏教も漢字も、朝鮮が日本にもたらしたものである。韓国からすれば蛮族でしかない日本の統治は、韓国人の序列意識とプライドを大きく棄損し、韓国では日本統治時代を否定的に解釈している。

三・一運動

現代韓国が大衆デモ国家となった淵源

日本の統治に対する朝鮮半島の反発は、第一次世界大戦後、1919年の三・一《サミル》運動で頂点に達した。事は、3月1日、ソウルのバゴダ公園での独立宣言書朗読からはじまる。

この年1月、元皇帝である高宗が死去すると、朝鮮半島では毒殺説が噂される。毒殺説は反日の気運を高め、3月3日の高宗の葬儀には多くの者が集まってきた。3月1日、これを機会に独立宣言を掲げる計画が構想され、ソウルで実行されたのだ。ソウル市内では独立示威運動を展開する大規模なデモ隊と官憲が衝突、軍隊までが投入された。独立示威運動は地方にまで及び、3月下旬から4月下旬に最高潮に達した。都市部では労働者がストライキをおこない、警察機関や裁判所に投石もあった。

結局のところ、日本軍の大規模投入によって、三・一運動は下火となっていくが、日本に統治の方式を改めさせるものとなった。これまで朝鮮総督府は、武断政治といわれる強硬な統治を進めてきた。これをマイルドな文治主義へと転換させはじめたのだ。

三・一運動は、その後の韓国を、ある意味で形づくっている。近代韓国では、大衆による大規模デモの効用が認められ、ときとして政権を転覆《てんぷく》させるほどの力をもつようになったのだ。1960年、不正選挙糾弾に発した大規模デモは、李承晩《イスンマン》(りしょうばん)政権を打ち倒す「四月革命」となった。1980年、光州でのデモは全斗煥《チョンドゥファン》(ぜんとかん)大統領による軍投入があり、暴力的に抑え込まれたが、現在では民主化運動として讃えられている。2010年代、反・朴槿恵《パククネ》大統領を訴えるロウソクデモは、結果的に朴政権を崩壊もさせている。

現代韓国では、たしかに選挙で大統領が代わるが、それ以外、大規模デモによっても、大統領の座が代わるのだ。その淵源《えんげん》をたどるなら、1919年の三・一運動にたどりつく。

三・一運動が、これまでの反日運動よりも大規模化したのは、世界的な民族自決の流れがあったからだ。第1次世界大戦後、フランスのヴェルサイユで講和会議が開かれ、アメリカ大統領ウィルソンは、民族自決主義を提唱する。民族自決主義はすでにソ連のレーニンが唱えていて、ウィルソンはこれを広める格好になった。

これまで西洋は世界の諸民族を抑え込み、植民地をつくっていたが、ウィルソンはこれを否定するような発言をしたのだ。世界各地で民族運動が盛り上がりはじめ、多くの情報がもたらされていた朝鮮半島も例外ではなかった。

また、1917年にはロシアで世界初の共産主義革命が起きている。共産主義革命では労働者が主役とされ、社会主義運動は世界のインテリを魅了した。その社会主義運動も朝鮮半島に上陸、民族運動を後押ししていたのだ。

上海臨時政府

なぜ現代の韓国は、ここにルーツを求めたがるのか?


三・一運動には、余波がある。三・一運動で日本の官憲の逮捕から逃れた者の一部は、国外に渡った。彼らは1919年4月10日、中国（中華民国）の上海で大韓民国臨時政府を設立したのだ。臨時政府を設立したとはいえ、中国国民党、アメリカなどすべての国がこれを認めず、国外での一抵抗組織でしかなかった。

実際のところ、臨時政府内での対立は激しく、組織の様相を呈していなかったうえ、日中戦争が激化すると、臨時政府は上海を追われる。

だが、第2次世界大戦後、臨時政府の存在は韓国内で大きくなる。韓国は独立国となったのち、しだいにそのルーツを上海臨時政府に求めるようになった。上海臨時政府のメンバーには、のちに韓国の初代大統領となる李承晩《イスンマン》がいた。彼は、臨時政府の初代大統領にも推戴《すいたい》されている。さらに呂運亨《ヨウニョン》（りょうんきょう）、金九《キムグ》といった有名な政治運動家がいたが、彼らの臨時政府が第2次世界大戦後の韓国政府にそのまま移行したわけではない。第2次世界大戦後の韓国政府は、アメリカの軍政下のもと、1948年、議会政治を導入してできあがったものだ。

にもかかわらず、いまの韓国が上海臨時政府に淵源を求めようとするのは、日本と戦ってきた歴史を欲したからだ。東アジアの国のほとんどは、抗日戦にルーツを求め、自己を正統化している。中国共産党の場合、中国大陸で日本軍に抗戦したと主張することで、正統のあかしとしている。北朝鮮の場合、その創始者となっている金日成《キムイルソン》（きんにっせい）が日本軍相手に戦ったパルチザンであると主張することが、正統の骨格となっている。

東アジアの国々は、国の骨格を求めたがる。中国、北朝鮮の場合、どの程度戦ったのかという評価はともかく、反日闘争という骨格があるのに、韓国にはそれがない。正統性を求めようとすればするほど、韓国は上海臨時政府を「神話」化することになっていく。

日本の敗戦

なぜ朝鮮人民共和国は、米ソに潰されたのか？

日本に統治されていた朝鮮半島が流動化するのは、第2次世界大戦における日本の敗戦によってである。1945年、日本はポツダム宣言を受諾、朝鮮半島を放棄した。この瞬間、朝鮮半島は日本から解放されたが、独立国家となるのは容易ではなかった。

日本降伏後、朝鮮半島では呂運亨を委員長とする建国準備委員会が設立され、独立に動き出した。1945年9月6日には、朝鮮人民共和国の成立が宣言された。

だが、第2次世界大戦の戦勝国は、朝鮮の独立を認めなかった。すでに1943年の時点で、それは既定方針であった。この年、イタリアの降伏を受けて、アメリカのルーズヴェルト大統領、イギリスのチャーチル首相、中国国民党の蔣介石《しょうかいせき》総統がエジプトのカイロで会談した。カイロでは対日戦後処理が検討され、朝鮮半島をある一定の期間、国際信託統治したのち、独立させると決められた。

このカイロでの合意ののち、ソ連のスターリンも加わり、アメリカとソ連が中心となって統治する方向に向かっていった。大国は、朝鮮の住民の意向を無視し、さらには朝鮮に独立国家運営能力がないと見なしていたのだ。

日本の敗戦後、アメリカとソ連の動きは朝鮮独立の動きよりも早かった。ソ連軍は8月には平壌にまで進軍していた。一方、アメリカ軍は9月8日、朝鮮半島西岸の仁川に上陸、南朝鮮にアメリカ軍政庁を置いている。

アメリカ軍は朝鮮半島南部で、ソ連軍が朝鮮半島北部で実質軍政に乗り出すと、朝鮮の独立政府は無視される。アメリカ軍は朝鮮人民共和国の解体を命じ、ソ連軍は朝鮮人民共和国を否認した。アメリカ、ソ連とも朝鮮の独立国家を認めず、1945年12月には、アメリカ、イギリス、ソ連によって朝鮮半島の信託統治が発表された。

これに対して、朝鮮半島では反抗運動が多発する。だが、朝鮮国家には強力な軍は存在せず、アメリカ軍、ソ連軍に対抗する術《すべ》はなかった。

アメリカとソ連は、朝鮮半島の処理の過程で暗闘をはじめていた。第2次世界大戦では連合国として協力し合った両国だが、お互いを潜在的な敵と見なすようになっていた。東ヨーロッパがソ連の傘下《さんか》に陥るなか、アメリカは朝鮮半島をソ連に渡すわけにはいかなかった。

一方、ソ連は朝鮮半島に地歩を築き、さらにはアメリカを朝鮮半島から駆逐したかった。朝鮮半島は、米ソ対決の最前線となりつつあり、両国は引き下がれない状態に陥っていたのだ。

19世紀末以後、緊張がつづいた朝鮮半島を力ずくで抑え込んだのは、東の海洋勢力である日本だった。だが、日本が完全に弱体化すると、朝鮮半島に力の空白が生まれる。アメリカとソ連は、空白を埋めようとし、そこにイデオロギーの問題が絡んだ。

ソ連に魅了された者は共産主義的な朝鮮半島に共産国家の樹立を目指し、共産勢力の増大を恐れるアメリカには受け入れられるものではなかった。こうして、ずるずると時間が過ぎていた。

金日成

なぜ、いち早く北朝鮮の指導者になりはじめたのか?

朝鮮半島を巡って、アメリカとソ連が対立するなか、北朝鮮で浮上をはじめたのは金日成《キムイルソン》(きんにっせい)である。1946年2月、ソ連軍政下の北朝鮮で北朝鮮臨時人民委員会が設立された。その委員長となったのが、金日成だ。

金日成の主導する北朝鮮臨時人民委員会は、北朝鮮政府といっていい。ソ連軍政下の北朝鮮は、南側を無視して、単独に国づくりをはじめたといえる。金日成を先頭に立てたソ連の勢力は、アメリカを一歩リードしていた。

金日成は、ソ連の後ろ楯により権力を掌握していった人物である。彼は第2次世界大戦中、満洲で抗日遊撃隊に加わり、敗れて、ソ連のハバロフスクに逃亡したとされる。彼はハバロフスクでソ連軍の訓練を受け、ソ連軍大尉となる。彼は抗日パルチザンとして戦い、日本の敗戦の前後に、ソ連軍艦に送られ、朝鮮半島の元山に上陸した。以後、金日成は北朝鮮の大物として地歩を築いていく。

金日成については、ふたりいたとする説がある。もうひとりの金日成は1930年代、朝鮮独立運動を戦った男として知られていたが、1937年、満洲で死去している。1945年にソ連の後ろ楯を得て北朝鮮に上陸した金日成の本名は、金聖柱《キムソンジュ》といい、カリスマとなるべく、1930年代に活躍した金日成の名を騙《かた》ったというのだ。

ともかく当時、北朝鮮には共産主義勢力が結集していて、大きく3派に分かれていた。金日成のソ連派、中国共産党を後ろ楯とする延安派《ヨナンパ》（えんあんは）、南朝鮮労働党系である。延安派は、第2次世界大戦中、中国共産党の根拠地であった延安にあった。彼らは北朝鮮で最大の勢力であったが、金日成には勝てなかった。金日成のバックには、共産主義世界最大の指導者スターリンがあったからだ。当時、中国共産党はまだ権力を完全に掌握《しょうあく》できず、中国共産党のトップ・毛沢東《マオツートン》（もうたくとう）は、スターリンの前では小僧にすぎなかった。

スターリンは、金日成と彼のライバル朴憲永《パクホニヨン》をともにモスクワのクレムリンに呼び寄せ、面接したという。その結果、スターリンは金日成を選び、北朝鮮の最高指導者とし、北朝鮮、さらには朝鮮半島全体の共産化を託したのである。

南北分断

なぜ朝鮮半島は、ふたつに割れてしまったのか？

1946年から1947年にかけて、北朝鮮側が金日成主導体制を固めつつあった時代、世界的に共産主義の勢力が拡張しようとしていた。日本でも1947年2月、日本共産党主導のもと、鉄道、電気も止めるゼネラル・ストライキが計画されていた。このストを梃《てこ》に共産政権の誕生さえありうる状態になったが、日本を統治していたマッカーサーの命令で中止となっている。

中国大陸では中国共産党対国民党の内戦がはじまり、1947年秋には共産党軍が満洲を制圧、共産党側の勝利が確定的となった。

朝鮮半島の南側でも共産主義勢力は拡張、アメリカの軍政と対立していた。アメリカは、朝鮮半島南部への共産主義の浸透を恐れ、1946年5月には北緯38度線の無許可越境を禁じるようになった。

北朝鮮側は、信託統治賛成に動く戦術をとった。南側では信託統治反対運動が展開されているにもかかわらず、北側は信託統治受け入れに回ったのだ。信託統治政府を、増殖中の共産主義勢力が固めるなら、信託統治政府を乗っ取れる。実質的にソ連主導の朝鮮半島統一政府がなるのだ。

1946年6月、ソウルで米ソ共同委員会第1次会談が催され、信託統治が話し合われたが、決裂に終わる。つづく1947年5月の米ソ共同委員会でも物別れに終わる。アメリカは信託統治を断念、国連に朝鮮独立問題を預ける。

1948年、国連では総会決議によって、インドをはじめとする8か国による国連臨時調査委員会を派遣するが、北朝鮮側は委員会の入域を拒否した。もはや朝鮮半島統一国家の樹立は不可能に近く、アメリカは国連相手に南朝鮮地域だけでの選挙を提案した。多くの反対があったが、8月にアメリカは選挙を強行、新憲法が公布された。憲法では、アメリカ型の大統領制度に議院内閣制度が加えられたものとなった。大統領には李承晩が選出され、8月15日には大韓民国の成立が宣言された。

これに対抗するように、金日成の北朝鮮も、9月9日に朝鮮民主主義人民共和国（以後、北朝鮮）の建国を宣言した。初代首相には、金日成が就いている。こうして、朝鮮半島にふたつの国家が生まれた。

朝鮮半島の分断は、激化する米ソ対立のひとつの結果であった。さらには、南の勢力であるアメリカの朝鮮半島に対する無理解もあった。アメリカは長く朝鮮半島には関知せず、朝鮮半島に民主主義を持ち込むなら、容易にアメリカ化すると思い込んでいたふしがある。だが、朝鮮半島事情は、アメリカの予想をはるかに超えるほど複雑だった。しかも、早くから北の勢力であるソ連の共産主義が浸透をはじめていて、アメリカの民主主義は、ソ連の共産主義の前で霞《かす》みがちだったのだ。

毛沢東 なぜ北朝鮮は、共産中国を恐れないのか？

1949年、中国大陸では毛沢東率いる中国共産党が、蔣介石の中国国民党との戦いに完全勝利、中華人民共和国の成立を宣言した。敗れた蔣介石は台湾に逃げ、中国もふたつの国家となった。

共産中国の誕生は、世界的にみれば共産主義の勢いを示すものだった。世界最大の人口を擁する中国が共産化したことにより、ソ連、中国というふたつの共産大国ができた。

朝鮮半島からすれば、共産中国の誕生は、強力な同盟国の誕生でもあると同時に、〝西の脅威〟の復活でもあった。日本の敗戦後、朝鮮半島では北からはソ連、南からはアメリカが影響力を強め、そこに西の大国がまたも影響力をもとうとしたのである。

中国といえば、古代から朝鮮半島に最大の影響力をもちつづけ、ときに宗主国となってきた歴史がある。中国の序列意識からすれば、北朝鮮、韓国は格下となる。実際、北朝鮮では、中国共産党とともに抗日運動をおこなってきた延安派が大勢力をもっていた。ただ、北朝鮮が中国一辺倒になることはなかった。

ひとつには、金日成が毛沢東の中国を上位国とは見なさなかったからだ。金日成にとって、中国は利用できる勢力でもあれば、格下の国でさえあったのだ。

というのも、1960年代まで、共産主義国の頂点にあるのはソ連だったからだ。北朝鮮には、スターリンのソ連という強力な後ろ楯があったから、中国を恐れる必要がなかったのだ。

加えて、共産国家の歴史としては、北朝鮮のほうが中国よりも古く、先輩格、兄格に当たる。東アジアの朱子学的な序列に当てはめるなら、金日成の北朝鮮のほうが毛沢東の中国よりも上になる。

さらには、国共内戦にあって、金日成の北朝鮮は、中国共産党を支援していた。北朝鮮領を秘密の逃げ込み場に提供したり、兵を提供したり、戦術的なアドバイスをおこなっていた。そうなると、どちらが格上かは明らかだろう。

北朝鮮の中国に対する格上意識は、今日もつづいていると思われる。北朝鮮の核開発問題にしろ、中国は北朝鮮に警告を発しても、それ以上のことができない。

実際のところ、資本主義国家になってしまった中国に対して、北朝鮮は主体思想（196ページで解説）を奉じる形で共産主義を守ってもきた。いったいどちらに正統があるかという意識が北朝鮮にはあるのだ。

朝鮮戦争

なぜスターリンは、金日成の〝賭け〟を許したのか？

1948年、朝鮮半島の南北にふたつの国家が生まれたのち、北朝鮮、韓国の双方は統一を口にし合う。それも、武力を使っての統一である。北朝鮮の金日成首相は「南部解放」を叫び、韓国の李承晩大統領は「北伐」を標榜《ひょうぼう》した。南北国境ラインである北緯38度線周辺では何度も小競り合いが生じ、そんな緊張のなか、金日成は大規模攻勢を決意する。

1950年6月25日、日曜日の早朝、北朝鮮軍は38度線を越えて、韓国領内に進撃を開始した。朝鮮戦争のはじまりだ。北朝鮮軍の前に韓国軍は敗北を重ね、侵攻から3日後の28日には、ソウルが陥落、李承晩は陥落の前にソウルを見捨て、逃亡している。北朝鮮の攻勢の前に、李承晩大統領は当事者能力を喪失していた。

7月には大田《テジョン》が陥落、8月下旬には釜山周辺を除く地域は、北朝鮮の占領下となる。北朝鮮による朝鮮半島統一は、目前まで迫っていた。

北朝鮮軍が電撃的な勝利を得ていたのは、金日成が、スターリンのソ連からの支援を得ていたからだ。金日成からすれば、半島の統一は、彼が共産主義国家のリーダー格となるためのステップであった。すでに後発の毛沢東が中国大陸で勝利しているから、彼へのライバル心もあったと思われる。

ただ、北朝鮮軍単独では統一はむずかしい。そこで、スターリンを引き込んだのである。

スターリンは、当初、朝鮮半島への介入を渋っていた。ソ連軍が本格介入すれば、アメリカ軍は黙っていない。ソ連軍とアメリカ軍の朝鮮半島での本格激突は、第3次世界大戦に発展しかねない。すでにソ連は核を保有しているから、本格的な核戦争もありえる。それは、スターリンの望むところではなかったが、1950年1月以後、様相が一変する。

アメリカのアチソン国務長官がアメリカの防衛線を発表したとき、ここから朝鮮半島を外していた。スターリンも金日成も、アメリカに韓国防衛の意志がないのではないかという見解をもちはじめたのだ。

スターリンは、ソ連軍の直接参戦はないとしながらも、韓国侵攻にあたって、戦車をはじめとする武器支援を金日成に約束する。

戦争を前に、金日成は中国の毛沢東と会い、支援を要請している。中国の参戦協力はスターリンの要望でもあったのだが、毛沢東は積極的には頷《うなず》かなかった。毛沢東は、アメリカの参戦を予想、アメリカとの戦いを回避したかったのだ。金日成は、そうした毛沢東の意志を無視して、開戦を決断したのだ。

緒戦、ソ連の武器支援もあって、北朝鮮軍は圧倒的な勢いで南下した。韓国に駐留しているアメリカ軍は小規模で、しかも強力なソ連軍戦車に対抗できるだけの戦車を運用していなかったのだ。

仁川上陸

なぜ毛沢東は、朝鮮戦争への参戦を決意したのか?

北朝鮮軍の完全優位ではじまった朝鮮戦争だが、アメリカの巻き返しがはじまる。アメリカは、朝鮮半島全域を共産主義化させるわけにはいかなかった。韓国が占領されるなら、アメリカをはじめとする資本主義陣営は、東ユーラシア大陸での橋頭《きょうとう》堡《ほ》を失うことになるのだ。

アメリカは国連安全保障理事会に訴え、国連軍を組織する。このときソ連は欠席、アメリカ主導の国連軍となった。1950年9月、マッカーサー率いる国連軍は、朝鮮半島西岸の仁川《インチョン》(じんせん)に上陸する。

中国は国連軍の上陸を予想し、金日成に伝えていたが、勝利に酔いしれていた金日成はこれを無視した。

南下していた北朝鮮軍は、その背後を突かれた格好となり、たちまち総崩れとなった。北朝鮮軍は敗走を重ね、国連軍は逆に38度線を越え追撃をはじめた。アメリカは、これを機に朝鮮半島統一を視野に入れた。しだいに国連軍は中国・朝鮮の国境である鴨緑江に迫り、金日成の満洲亡命も取り沙汰されるようになった。

翌10月、中国は彭徳懐《ほうとくかい》率いる大軍を、朝鮮半島に侵攻させた。アメリカは、中国参戦を予想しておらず、虚を衝《つ》かれた。朝鮮半島で、事実上の米中戦争がはじまったのだ。近代の朝鮮半島で起きた3度目の大国の激突である。

中国軍が採用したのは、「人海戦術」である。中国軍兵士の数の威力は、国連軍の火力を上回り、今度は国連軍が38度線まで押し返された。このあと、国連軍と中国軍は38度線で一進一退の攻防を繰り広げ、戦いは膠着《こうちゃく》状態となる。

毛沢東が中国軍を参戦させたのは、アメリカの勢力と国境を接することを恐れてのことだ。国連軍が北朝鮮を完全制圧してしまうなら、アメリカ主導の統一朝鮮が完成する。アメリカ軍は朝鮮半島北部にも進駐しよう。中国は陸つづきの朝鮮半島北部からアメリカの圧力を受ける事態を、毛沢東は許さなかったのだ。

それは、毛沢東の中国統一構想の断念と引き換えのものでもあった。じつのところ、朝鮮戦争前夜、中国の最大の関心は台湾侵攻であった。

蔣介石の根拠地となった台湾があるかぎり、ふたつの中国が存在する。台湾を制圧してこそ統一中国が完成するわけだが、朝鮮半島でアメリカ軍相手の大戦争となってしまったかぎり、もはや中国に台湾への侵攻を企てる余裕はない。蔣介石は、朝鮮戦争によって救われていたのだ。

休戦

なぜスターリンは、頑として停戦に反対したのか?

38度線で膠着《こうちゃく》してしまった朝鮮戦争は、すぐには終わらなかった。いくたびか休戦の交渉がおこなわれたが、交渉はまとまらなかった。ソ連のスターリンが、頑《かたく》なに休戦に反対したからだ。スターリンがあるかぎり、朝鮮戦争はつづき、1953年3月にスターリンが死去すると、休戦へと動いていく。同年7月に休戦協定が調印され、北朝鮮、韓国には何も得るところのない戦争が一段落した。

スターリンが休戦を拒否しつづけたのは、アメリカと中国の国力を損耗させるためだった。冷戦下、ソ連にとってアメリカの巨大な国力は脅威であり、アメリカの国力を低下させる必要があった。アメリカ軍が朝鮮半島で中国の大軍と対峙《たいじ》しつづけるほどに、アメリカは疲弊《ひへい》する。さらに、中国もアメリカ相手に消耗すれば、中国はソ連に平服するしかない。

一方、ソ連は正式には朝鮮戦争に参加していない。中国、北朝鮮に武器支援はしても、兵士を失うわけではない。ソ連は、アメリカ、中国の長引く戦いに、高みの見物を決め込んでいればよかったのだ。

スターリンのもうひとつの狙いは、アメリカと中国の完全対立であった。毛沢東の中国は、建国当初、アメリカとの接近も視野に入れていた。毛沢東にとって、アメリカの存在は、ソ連のスターリンから好条件の支援や妥協を引き出すための駆け引き道具であった。

スターリンは、中国をアメリカ寄りにさせないため、毛沢東に妥協さえした。ソ連は、満洲にあった権益を中国に譲り渡してもいる。だが、朝鮮戦争における中国軍参戦によって、局面が変わった。中国がアメリカと朝鮮半島で全面対決しているかぎり、中国がアメリカに接近することはない。スターリンにとって、朝鮮戦争が長引くほど都合がよかったのだ。

結局のところ、朝鮮戦争はスターリンのソ連が、勢力を強化していくための戦いに変質していた。朝鮮戦争によって、北朝鮮と韓国の国境線は固定化され、両国は明らかに違う国となっていく。それは両国の意志ではなく、ソ連、アメリカ、中国の思惑によるものであり、その構図はいまなお変わらない。

8章 南北分断期 なぜ北朝鮮は、韓国に優越感をもちつづけるのか?

8月宗派事件

なぜソ連の傀儡だった金日成は、脱ソ連を達成できたのか?

1953年、朝鮮戦争が休戦となると、韓国、北朝鮮双方の国づくりはようやく本格化する。それは、激しい権力闘争を伴うものであった。

まず激しい権力闘争を戦ったのが、北朝鮮の金日成である。今日、金日成は北朝鮮の圧倒的な権力者として知られるが、建国当初、彼は完全に権力を掌握していたわけではなかった。北朝鮮には、ソ連派と、中国共産党と通じる延安派の、ふたつの派があった。勢力が拮抗《きっこう》するなか、スターリンの後押しによって金日成はトップにあったが、朝鮮戦争は金日成の権力基盤をぐらつかせた。

北朝鮮にとっては、朝鮮戦争は失敗であった。簡単にできると思われた統一に失敗し、国土は戦場となった。多くの兵士も失った。北朝鮮政権内では、金日成はリーダーとしての資質を疑われ、彼に批判が相次いだ。とくにソ連派の大物である朴《パク》憲永《ホニヨン》はその先鋒となっていた。この時点で、スターリンが金日成の能力を見限れば、失脚、流刑もありえた。

1953年の休戦後、北朝鮮はソ連の支援を得て経済建設に乗り出す。それは当初、順調なものだったが、1956年に大きな権力闘争が待っていた。震源は、ソ連である。

この年、ソ連共産党第一書記として権力を握ったニキタ・フルシチョフが、第20回党大会で「スターリン批判」をぶちあげたのだ。スターリン批判は、彼の独裁を否定、批判するものだった。ソ連は脱スターリン化を目指しはじめていたが、スターリン批判は、スターリンを後ろ楯として信奉してきた数々の共産国家を動揺させるものであった。

北朝鮮では、「8月宗派事件」となる。スターリン批判は、スターリンを後ろ楯としつづけた金日成と対立する勢力を勢いづけた。

金日成にとって絶体絶命の危機だったが、彼は粛清によって、この危機を乗り切る。金日成批判が猛然と起こるなか、彼はライバルの朴憲永をアメリカのスパイとして断罪、処刑した。朴を粛清したからこそ、反発として金日成批判が強まったともいえるが、金日成はソ連派の朴昌玉《パクチャンオク》、延安派の崔昌益《チエチャンイク》らを逮捕させ、ソ連派、延安派を解体していく。ソ連派の一部は、ソ連へと亡命していった。

金日成は国内粛清によって、政治生命を維持、さらには独裁者としての基盤を固めた。それは、ソ連、中国の影響圏からの離脱でもあった。自国派を粛清されたソ連、中国は、ともに北朝鮮に使者を送ったが、金日成の粛清は止むことがなかった。ソ連、中国からすれば北朝鮮は思うままにならない国となり、北朝鮮と一歩距離を置くことになった。

結果的に、ソ連の後ろ楯で権力を得た金日成は、ソ連の影響力をかなり排除し、独自の政権基盤を固めることができたのだ。

また、政敵を死に追いやる闘争は、李朝以来の伝統であり、共産主義国が陥りやすい業《ごう》でもあった。以後、北朝鮮では、たびたび粛清があり、金一族の政権が保たれていく。

天秤外交

なぜソ連も中国も、金日成以来の二股外交を許しているのか?

1960年代以降の北朝鮮外交は、天秤《てんびん》外交といわれる。ソ連（ロシア）に擦り寄ったかと思えば、中国に接近する。中国と対立すれば、ソ連寄りに戻るといった外交が繰り返された。とくに1960年代、中国とソ連の対立が決定的となったとき、北朝鮮は中国寄りとなり、ソ連に批判的となった。それでも、ソ連が北朝鮮を徹底的に追い詰めることはなかった。

それは、朝鮮半島の歴史からすれば、じつに稀《まれ》なことであった。朝鮮半島国家は、しばしば西の大国・中国と北の強大な遊牧民族勢力のどちらかを選ぶかを迫られてきた。中国を選んだがために、遊牧民族国家の侵攻に遭った歴史がある。だが、北朝鮮のみは、どちらを選択してもよく、中国、ソ連（ロシア）から報復を受けることがなかった。北朝鮮は、中国、ソ連の外交圧力に屈することなく、生き残ってきた、朝鮮半島史上、希有《けう》な存在なのだ。

その秘密は、北朝鮮の地政学の特異な位置にある。北朝鮮は、中国、ソ連にとっては対アメリカの最前線となっている。北朝鮮が健在であるかぎり、中国、ソ連はアメリカの勢力と直接、対峙しなくてすむ。いくら北朝鮮が生意気だからといって、北朝鮮を潰してしまうのは、中国、ソ連双方の利益にかなわないのだ。

北朝鮮自身も、この事実に気づく。だからこそ、中国とソ連の間で二股外交を堂々と展開し、自らの独立を守っているのだ。さらにはアメリカに敵対してみせることで、中国、ロシアに自らの戦略的な高い位置を思い知らせてもいるのだ。

竹島

なぜ李承晩は、日本から奪い取ったのか?

朝鮮戦争以後、韓国はアメリカ軍の存在によって安全を保障される。アメリカ軍が韓国にあるかぎり、韓国は歴代朝鮮半島国家のように北の大国・ソ連、西の大国・中国をそう恐れる必要がなくなった。そんな韓国の対外政策は、東の破綻した大国・日本に向けられた。韓国の李承晩の対日政策は、戦争に敗れ、弱体化した日本に対して、完全な優位を確立させようとするものだった。

それは1951年のサンフランシスコ講和会議にもみられる。講和会議は52の戦勝国と日本との講和であったのだが、ここに韓国も加わろうとした。第2次世界大戦中、韓国は日本の統治下にあり、日本に勝った国ではない。韓国は日本相手の戦勝国の仲間入りを果たしたかったが、これはかなえられていない。

このころから、日本と韓国の間では、国交について話し合いがもたれているが、平行線で終始している。韓国側は日本に植民地化への強い反省を求め、日本側にも譲れない部分があった。

李承晩はつづいて1952年1月、日本海にいわゆる「李承晩ライン」を設定する。それまで日本と韓国の漁業境界線は、マッカーサーの設定した「マッカーサーライン」となっていた。マッカーサーラインは日本と韓国の中間に設定されていたが、李承晩は一方的に韓国の漁業主権を主張した。李承晩ラインは、韓国では「平《ピョン》和線《ファソン》」と呼んだ。李承晩ラインの設定により、日本の漁船はそれまでの水域から追い出され、李承晩ライン内にはいった日本漁船は容赦なく拿捕《だほ》された。

李承晩ラインの設定は日韓の関係を険悪化させたが、より険悪化するのは、韓国による竹島（独島《ドクト》）奪取によってだ。李承晩政権の韓国は、李承晩ラインの設定とほぼ時を同じくして、竹島の領有を主張しはじめる。これに対抗して、日本は1953年に竹島に「島根県隠岐《おき》郡《ぐん》五箇《ごか》村《むら》竹島」の標識を設置したが、翌1954年に韓国は竹島を武装占拠する。以後、韓国は竹島の実効支配度を強め、今日に至る。

竹島問題の発端は、第2次世界大戦の戦後処理が韓国に与えた誤解による。もともと竹島に関しては、1905年、日本が自国領にしている。この時点では、韓国は日本に何の抗議もしていない。その後、日本が第2次世界大戦に敗れてのち、日本を統治していたGHQ（連合国軍総司令部）が、一時的ながら竹島を日本の放棄する島と見なした。

これが、韓国に誤解を与えた。1951年のサンフランシスコ講和条約では、竹島は日本の放棄すべき地にはいっていなかったが、韓国はGHQの見解を起点としたのだ。

竹島の奪取と李承晩ラインの設定は、韓国にとっては死活問題でもあれば、国威の大いなる発揚でもあった。

この当時、韓国は朝鮮戦争の舞台となり、国土は荒れ果てた。李承晩の戦時中の振る舞いは、自国民を見捨てて逃走したと見なされ、その権威に傷をつけていた。李承晩ラインを設定するなら、水産資源をより多く確保できる。さらに竹島は、韓国からすれば新たに獲得した領土となる。いや、韓国側の主張によるなら、もともとの領地を日本から取り戻したにすぎないのだが、韓国は、竹島奪取と李承晩ラインの設定により、日本に一撃を加えることができたのだ。

これまで大国の外交に翻弄《ほんろう》されてきた韓国は、相手の強弱をすぐに見抜く。19

50年代前半の日本は、かつて清帝国、ロシアを破った強国ではなく、アメリカに無残に敗れた国でしかなかった。日本海軍は解体され、戦艦も潜水艦もなかったのだから、韓国でも勝てる相手であった。さらに日本は戦争を禁じられた格好になっていたから、韓国が竹島を実効支配することはたやすかった。

朝鮮半島の歴史は、攻められっぱなしの歴史でもあった。朝鮮半島国家が国境を広げられるのは、北方に限られていた。満洲のジュルチン（女真）がまだ力をもたない時代、あるいは分裂している時代、朝鮮半島国家はジュルチンを斥《しりぞ》け、北方に国境をわずかながら拡大もした。

だが、ジュルチンが強大化すると、朝鮮半島国家は、北方への侵攻は不可能になる。そんな韓国が、東の大国だった日本から領地を奪ったのだから、大きな国威の発揚となる。植民地統治時代への復讐にもなる。韓国人にとって、竹島はいまや自信の源といってもいいのだ。

四月革命

なぜ李承晩政権は、大規模デモによって倒れたのか？

1960年、韓国では四月革命《サイルグヒョンミョン》によって李承晩政権が崩壊するが、その根底には韓国経済の不振があった。韓国の建国にはアメリカが大きく関わり、朝鮮戦争後も、韓国の復興はアメリカに依存する形となった。それはアメリカ経済が絶好調なうちには機能したが、アメリカ経済に翳《かげ》りが出はじめると、アメリカからの援助は減っていく。援助が1958年から減額されると、韓国経済は窮していく。

当時、韓国は農業主体の国家であり、工業は未熟であった。アメリカからの援助が少なくなれば、国民生活は窮乏し、不満の矛先は李承晩大統領に向けられた。これに対して、李承晩は政敵の弾圧をはじめる。さらには、選挙での不正にも手を染めた。

1960年3月の選挙でも、李承晩政権の不正が明らかになっていくと、国内では市民デモが発生しはじめる。デモに対して、李承晩政権は強圧的に対応、警官は発砲、デモ側には死傷者が出る。さらに政府側は暴徒を雇い入れ、デモ側の学生を襲わせた。

李承晩政権の高圧的な対応は、不正選挙に対するデモ側の怒りを増大させるものであった。デモは全土に波及し、ソウルや釜山《プサン》、大邱《テグ》、光州《クアンジュ》などの大都市には戒厳令が敷かれた。国内の騒然とした状況を受けて、李承晩の後ろ楯でもあるアメリカは、彼に辞任を求めるようになる。

孤立した李承晩は4月27日、大統領を辞任、アメリカへと亡命している。副大統領の李起鵬《イギブン》は4月28日に自殺を遂げている。これが、韓国の四月革命だ。あるいは、「四・一九《サイルグ》学生革命」とも呼ばれる。

四月革命は、日本統治下時代、1919年の三・一運動以来の、韓国の激しい大衆運動であった。三・一運動では、日本の統治手法を改めさせ、四月革命では政権を打ち倒した。

四月革命は、韓国における大統領受難のはじまりでもあった。初代大統領の李承晩は国を追われ、副大統領は自殺した。以降も、韓国の歴代大統領の多くは悲劇的な末路をたどる。李朝の時代から、朝鮮半島では政敵を徹底的に追い詰めたが、韓国では、大統領が辞職後、罪を問われることが繰り返されるようになったのだ。

朴正熙

なぜクーデター政権は、北朝鮮経済に挑戦をはじめたのか?

韓国では四月革命によって李承晩政権が倒れ、代わって許政《ホジョン》が暫定内閣を組織する。こののち、尹潽善《ユンポソン》（いんふぜん）大統領、張勉《チャンミョン》内閣の時代となるが、政権は不安定であった。工業の未熟な韓国経済は自立できないままであり、頼みのアメリカの支援には限りがある。アメリカ一辺倒の依存経済には、限界がきていた。

そんななか、1961年5月、釜山軍需基地司令官だった朴正熙《パクチョンヒ》は若手将校を率いて、クーデターを敢行する。クーデターに対抗する勢力は皆無といってよく、朴正熙は一日にして実権を握った。韓国を監視するアメリカは当初、朴の軍事政権に否定的だったが、クーデターの3日後には承認の方向に動いた。

朴は、旧日本軍で厳格な教育を受けた軍人であり、朝鮮半島の歴史ではめずらしい武断タイプだ。朴の軍事政権が最優先させたのは、韓国経済の建設と反共産主義であった。それは、共産主義の北朝鮮経済への挑戦でもあった。

いまとなっては驚くしかないが、朴政権が誕生した1961年の時点で、北朝鮮は韓国に経済力で優越していた。韓国のGNPは、北朝鮮のおよそ6割でしかなかった。生産力の基本となる発電量に関しては、韓国が約20万キロワットでしかないのに対して、北朝鮮は116万キロワットを得ていた。

北朝鮮に鉱山資源があったうえ、日本統治時代から工業インフラがあったし、ソ連の援助でインフラを整えていた。一方、韓国経済は農業依存であり、工業化できねば、窮乏は明らかだった。

韓国経済の破綻は、そのまま国家を崩壊させ、北朝鮮による韓国接収という結末さえ生みかねない。朴の軍事政権は、工業を中心に経済を活力化させ、北朝鮮に対抗しようとしたのだ。すでに北朝鮮は1961年から7か年計画を始動させていたが、韓国もこれを追うように1962年から5か年計画をスタートさせている。

日韓基本条約

なぜ「漢江の奇跡」に必要だったのか？

経済建設を第一目標に掲げた朴正熙の軍事政権だが、工業化に先立つものはカネである。ケネディ政権によってベトナム戦争の泥沼にはまりつつあるアメリカには、韓国に大きく投資するほどの余裕はない。

ひとつだけ出所があるとすれば、日本であった。当時、日本は戦後復興を成し遂げ、高度経済成長をはじめていたが、韓国と日本には正式な国交はなかった。そればかりか、かつての植民地化に関する感情的な対立、竹島問題、李承晩ラインが絡み、日韓関係には険しいものがあった。朴正熙はこれをクリアし、日韓基本条約を締結し、日本から資金を引き出す必要があった。

一方、日本側は韓国との国交に積極的だった。経済大国となりつつある日本は、資本主義陣営の責務を負うようにもなっていた。韓国との国交を樹立させ、韓国を支援することは、朝鮮半島における韓国の立場を強める。韓国は、拡大する共産主義勢力の歯止めになる。日本の同盟国であるアメリカにしろ、日本の韓国支援は望ましかった。

日本、アメリカは積極的であったが、日韓国交に向けた交渉は難航する。両国は、植民地化問題、竹島問題を乗り越えねばならなかった。韓国にとって不満なのは、植民地化にあたって、日本側の謝罪と賠償金がないことだった。日本政府の見解では、韓国統治は国際的に合法である。

個人レベルでの謝罪はあっても、日本が謝罪するいわれはない。合法であるかぎり、賠償金は発生しない。たしかに、日本は第2次世界大戦で戦場となった国には、戦後、賠償金を支払っている。だが、韓国の場合、戦場にはなっていないし、そもそも韓国とは戦っていないのだ。

20世紀の韓国では、大衆の抗議が国を動かしてきた。強権をふるう朴正煕をもってしても、大衆の反発は受けたくない。そこから生まれた妥協が、賠償金ではなく、「供与」と「融資」である。供与として日本は、10年間にわたって無償で3億ドル、有償で2億ドルを韓国に提供することにした。こうして、1965年、日韓基本条約が交わされ、日本と韓国の正式な国交が成った。

朴正熙政権は、日本からの供与と融資をひとつの元手に経済開発を進め、いわゆる「漢江《ハンガン》の奇跡」といわれる経済成長を達成する。現在、朴正熙については韓国内で日本相手に不正な条約を結んだとして否定的な評価が大きくなっている。だが、世界的には韓国経済の成長は、朴正熙の開発独裁といわれる手法の成果である。

日韓交渉では、日本側は、植民地時代の軍人や官吏らに対する個別補償を提案している。韓国政府は個別補償ではなく、政府への一括補償を望み、日本政府も同意した。こののち、韓国政府は国内で個別補償をする立場となったが、じつは韓国政府は、この補償の合意を国民には秘密とし、補償金を経済開発に充填《じゅうてん》させた。従軍慰安婦への補償もまた、経済建設に充てられ、彼女らに補償されることはなかった。このことが、のちに火を噴く。

韓国で従軍慰安婦問題が叫ばれるにつれて、日韓基本条約ですでに従軍慰安婦への補償は解決ずみであることが判明した。これに納得しない韓国の大衆層は、日韓基本条約そのものが無効であると主張しはじめた。日本に対して新たな補償と謝罪を求めるようになってきたのだ。さらには、日本の韓国併合を無効と唱える見解も生まれていて、これは日本政府の公式見解と反し、現在、日本と韓国の間に大きな隔たりを生んでいる。

また、日韓基本条約が締結された１９６５年は、韓国がベトナム戦争への派兵をはじめた年だ。当時、ベトナム戦争は泥沼化していて、アメリカの軍事力をもってしても、南ベトナムの維持はむずかしかった。韓国は終戦の１９７５年までおよそ10年、のべ31万人を派兵する。これは、アメリカ軍に次ぐ規模の動員であった。

韓国がベトナム戦争に加わったのは、アメリカから軍事・経済援助を得たいからでもある。アメリカは韓国を資金面で支援、これも韓国の経済成長の動力となっていたのだ。

南北の経済逆転

なぜ北朝鮮経済は、失速していったか？

朝鮮半島の経済力の南北逆転は、１９６０年代にはじまり、１９７０年代には完全に差がついてしまう。韓国の朴正熙大統領による北朝鮮経済に対する挑戦は、勝利に終わり、これが「漢江の奇跡」といわれる経済成長になった。韓国は工業国化に成功し、成長路線を歩めるようになったのだ。

韓国と北朝鮮の経済逆転は、１９６０年代末には明らかになる。１９６９年、韓国の経済成長率は15％に達したのに対して、北朝鮮はわずかに１・５％であった。

この年、韓国は一人あたりのGNPでも北朝鮮を抜き去っている。以後、両国の経済力の格差は拡大するばかりだった。

韓国と北朝鮮の経済逆転は、朴正煕の経済建設路線の勝利であるとともに、両国の後ろ楯の差でもあった。韓国が後ろ楯をするのは、アメリカを頂点とする資本主義、自由主義経済陣営である。アメリカ経済に翳《かげ》りがみえはじめたものの、日本、西ドイツ経済は好調を持続、自由主義経済は韓国にとって発展のモデルとなった。とりわけ、距離的に近い日本経済の伸びと発展手法は、韓国の刺激となった。

一方、北朝鮮の後ろ楯となるソ連経済は頭打ちとなる。ソ連の計画経済は合理的に計算されたようにみえたが、内実は効率の悪いものであった。一時的に生産力を高めても、それが持続しなかった。さらに中国では1966年から文化大革命が発動、国内は混迷を極め、貧困化の道をたどっていた。共産圏の北朝鮮には、成長のモデルがなかった。

それればかりか、北朝鮮は後ろ楯からの援助を失う。1962年以後、ソ連から一時的に離反したからだ。この年、フルシチョフ率いるソ連はキューバにミサイル基地を建設しようとしたが、ケネディ大統領のアメリカは、これに対して強硬姿勢をみせ、米ソは核戦争の半歩前の暗闘を繰り広げた。最終的にはフルシチョフが折れ、キューバにおけるミサイル基地建設を断念する。中国と北朝鮮は、ソ連の弱腰を批判した。

このころ、すでにソ連と中国の対立は深刻化、北朝鮮も中国に歩調を合わせてソ連を非難し、ソ連と距離を置いた。そのため、ソ連からの援助は得られなくなっていた。

一方、中国のほうはといえば、１９５８年からの「大躍進」と称する経済建設政策に大失敗、数千万単位の餓死者を出すに及んでいた。中国に北朝鮮を支援する余裕はなく、経済的に無援となった北朝鮮は自力で経済建設を目指すしかなかった。それは、共産主義と集団主義に基づいた北朝鮮独特の手法となったが、実を結べないままであった。

主体思想

なぜ主体思想の確立と金正日による世襲は、同時進行だったか？

北朝鮮経済の失速が止まらなくなった時代は、皮肉にも北朝鮮における金日成独裁が完全に確立された時代でもある。そして、金日成の子・正日《ジョンイル》への権力継承、つまりは世襲が進められた時代とも重なる。その核となったのが、主体《チュチェ》（しゅたい）

思想の確立だ。

北朝鮮で主体思想が唱えられはじめたのは、1960年代後半だ。主体思想は、北朝鮮労働党の唯一思想体系とされ、マルクス・レーニン主義を北朝鮮の現実に適用した金日成の思想とされた。金日成は「首領」と呼ばれるようになり、1972年の憲法改正では、国家主席となっている。

主体思想を強く支持したのは、金日成の子・正日である。金正日は、主体思想が確立されはじめた1967年ごろから台頭、1973年には三大革命小組を組織して、金日成に次ぐ地位を手にさえしている。翌1974年、金正日は金日成の正式な後継者に選ばれている。

金正日が台頭するために、主体思想の確立は必要であった。主体思想の創造者は金日成であり、主体思想をもっとも理解し、体現できる人物が金日成であるという構図をつくったのである。

金日成から金正日への権力移行は、たんなる世襲ではなく、世界でもっともすぐれた思想である主体思想の体現者の継承という図式ができあがるのだ。世襲を可能にした主体思想は、以後、北朝鮮の中核にある思想となる。

主体思想の確立と金正日の世襲に大きな影響を与えたのは、中国の文化大革命である。1966年に発動された文化大革命は実質、大躍進の失敗により権力を喪失していた毛沢東の権力奪還運動である。

その手法は、毛沢東思想を絶対とし、毛沢東思想を信奉する青少年組織・紅衛兵《こうえいへい》に、「反逆に道理がある」とする「造反有理《ぞうはんゆうり》」の免罪符を与える。そして、彼らに実権を握っている劉少奇《リオシヤオチ》（りゅうしょうき）、鄧小平《ドンシヤオピン》（とうしょうへい）らを打倒させるものであった。毛沢東思想は、マルクス・レーニン主義の中国化バージョンである。北朝鮮も、また主体思想というマルクス・レーニン主義の北朝鮮バージョンを創造したのである。

また、金日成は中国の文化大革命に影響を受けつつも、これに否定的でもあった。彼は、中国の紅衛兵から「あなたはどうしてこんなに太っているのか。ブルジョアの贅沢《ぜいたく》な生活をしているからではないか」と詰《なじ》られ、不快な思いをしている。

金日成にそれ以上の衝撃を与えたのは、絶対権力者を巡る闘争である。たしかに文化大革命は毛沢東に権力を奪還させたが、国内はカオスとなり、経済は破綻した。加えて、毛沢東のナンバーツーとされた林彪《リンピヤオ》（りんぴょう）は、毛沢東暗殺に失敗したうえ、モンゴルで謎の墜落死を遂げている。

これを見た金日成は、いったい誰を信じていいのかわからなくなりはじめたと思われる。人間不信に陥りつつある者が、最後に信じようとするのは「血」である。子の金正日が積極的に政治に関与しようとする姿勢を見せていることもあって、金日成は世襲に踏み切ったのだ。

中国は、共産主義国家の世襲に否定的であったが、北朝鮮がぶれることはなく、現在、世襲は3代にわたっている。

朴正熙暗殺

なぜ韓国の民主化は、簡単に実現しなかったのか?

韓国で朴正熙大統領が経済建設を進めた時代は、民主化要求の時代と重なる。国が経済成長をつづけ、人が豊かになるなら、求めるのは民主化と自由だ。韓国も例外ではなかったが、朴政権はもともと軍事政権である。さらには、北朝鮮との強い緊張状態もつづいている。朴大統領は強権をもって国内統治に臨み、それは国民との対立を生んでいた。

とくに対立関係を強めたのは、1971年の国家非常事態宣言、それにつづく1972年の非常戒厳令である。朴正熙大統領は政党活動を中止させ、自らに権力を集中させる「維新体制《ユシンチェジュ》」を築いた。朴政権は、政敵を抹殺しようとし、逆に政敵たちは朴正煕政権を外的圧力を使ってでも追い詰めようとした。

そんななか起きたのが、1973年の金大中《キムデジュン》（きんだいちゅう）事件である。金大中はかつて朴正煕と大統領の座を激しく争い、僅差《きんさ》で敗れた人物である。彼はのちに大統領となるのだが、朴政権は金の存在を恐れた。

朴政権の意を受けた韓国の諜報機関・中央情報部（KCIA）は、東京のホテルに滞在中の金大中を白昼、拉致《らち》した。中央情報部は金大中の殺害を予定していたが、アメリカの諜報機関の察知するところとなり、アメリカは朴政権に圧力をかける。日本の自衛隊も、実行部隊を監視下に置いた。結局、金大中は殺害を免れ、拉致の5日後にソウルの自宅付近で発見されている。

金大中事件は、日本国内での事件であり、日本の主権侵害であり、日本での朴正煕観を徹底的に悪化させるものであった。もともと、日本のマスコミは朴正煕を独裁者と見なして、批判的であったから、ますます風当たりが強まった。

在日韓国人である文世光《ムンセグアン》（ぶんせいこう）も朴政権に憤り、彼の暗殺を企て、大阪の交番から拳銃を盗み、韓国に渡る。1974年8月、文世光は演説中の朴正煕に対して発砲したが、銃弾はそれ、朴正煕夫人の陸英修《ユクヨンス》に当たり、彼女を殺害する。「国母」とうたわれた夫人を失った朴正煕は精神のバランスを失い、彼はいよいよ独裁を強める。

一方、陸英修殺害に使われた銃が日本の交番のものであったこと、殺害犯が在日韓国人であったことは、韓国内に日本に対する怒りを募らせた。日本と韓国は、険悪な方向に向かっていく。

1979年、野党・新民党《シンミンダン》総裁である金泳三《キムヨンサム》は、「アメリカは朴政権に圧力をかけてほしい」と発言する。韓国に最大の影響力をもつのはアメリカであり、金泳三はアメリカによる外圧を使って、朴正煕を掣肘《せいちゅう》しようとした。朴政権下の国会は、金泳三に対して議員除名決議をおこない、報復する。これに対して、金泳三の地元である釜山では暴動がエスカレート、暴動は近隣の馬山《マサン》にまで波及する。

反・朴政権の騒擾《そうじょう》が起こるなか、1979年10月、中央情報部長の金戴圭《キムジエギュ》（きんさいけい）が会食中、突如、朴正煕に発砲、射殺する。これによって、朴正煕によるおよそ20年に近い独裁の時代は終わる。金戴圭は、朴に精神的に追い詰められていたとされる。

朴の死後、崔圭夏《チエギユハ》（さいけいか）首相が大統領代行となるが、韓国の混乱は収拾できないままだった。

全斗煥

なぜ民主化時代の大統領は〝民主化の敵〟扱いされているのか？

朴正煕暗殺後の韓国の混乱を収拾したのは、全斗煥《チヨンドウファン》（ぜんとかん）である。全斗煥もまた朴正煕と同じく軍人であり、ベトナム戦争で功績をあげ、軍の中枢にあった。全斗煥はまずは粛軍クーデターを決行、軍を掌握する。彼が政治的な実権を握るのは、１９８０年5月に起きた光州鎮圧を経てのことだ。

光州は、韓国における民主化運動の旗手《きしゅ》でもある金大中の地盤である。金大中は朴正煕の死後、公民権を回復され、民主化運動のリーダーと期待された。だが、民主化運動が騒擾《そうじょう》化しはじめると、政府は強硬となり、金大中を戒厳令違反で逮捕する。これに反発する光州に対して、全斗煥は軍による鎮圧を決意する。彼は空挺部隊を投入、銃撃戦のなか、多くの死傷者を出しながら、光州を制圧している。17名が死刑・無期懲役となり、金大中にも死刑が言い渡されている。

全斗煥が軍による強硬手段に出たのは、韓国内の騒擾の長期化を恐れてのことと思われる。韓国内が無秩序化するなら、北朝鮮がその隙をついてくる。さらには、経済の停滞も招きかねない。全斗煥は強硬策によって、ひとつの実績をあげ、１9

80年9月には大統領に就任している。

全斗煥政権を支援したのは、日本の中曽根康弘首相とアメリカのレーガン大統領である。レーガン大統領は就任直後、最初の国賓《こくひん》として全斗煥を招いた。1982年、中曽根は首相に就任するや、最初の外遊先にアメリカよりも先に韓国を選んだ。

アメリカは全斗煥を厚遇する代わりに、金大中の死刑中止を認めさせている。一方、日本は全斗煥の要望に応え、40億ドルの円借款《しゃっかん》を供与している。日米の韓国重視策により、険悪化していた日韓関係はほぐれていく。全斗煥時代、韓国内では反発がありながら、経済成長もあって、韓国は安定軌道に乗っていった。

中曽根政権の日本、レーガン大統領のアメリカとも結びつきを強め、日韓米の連携がなった時代となった。

全斗煥につづいて大統領となったのは、盧泰愚《ノテウ》である。盧泰愚もまた全斗煥と同じく軍人出身であり、全斗煥の粛軍クーデターでは協力者でもあった。盧泰愚は全斗煥路線を踏襲《とうしゅう》したが、彼は韓国初の直接選挙で選ばれた大統領でもある。全斗煥政権時代、盧泰愚は大統領の直接選挙制を推し、改憲案が認められた。1987年12月の選挙では、盧泰愚のほかに金大中、金泳三らも立候補、盧泰愚が当選、大統領となっている。

盧泰愚政権の1988年、韓国はソウル・オリンピックを開催する。アジアでのオリンピック開催は、東京に次いで2番目であり、韓国の国際信用度は増した。

結果のみをみるなら、全斗煥、盧泰愚という軍人上がりの大統領時代、韓国では民主化が進んだ。それは順調な経済成長にも支えられてのことだが、盧泰愚はともかく、全斗煥に関しての評価は韓国内では否定的である。彼の光州鎮圧は、後世、罪悪視されている。

1992年、韓国の大統領選によって、金泳三が選出される。彼は韓国で初の直接選挙に勝った文民大統領となり、就任後、歴史の見直し作業に手をつけた。

金泳三は長く野党政治家として、朴正熙、全斗煥らと対立してきた。彼は自己の正統性を確立する意味もあって、光州事件を見直し、1995年には全斗煥、盧泰愚を逮捕している。盧泰愚は収賄容疑で懲役17年となり、全斗煥は特別立法によって光州事件の弾圧者として断罪され、無期懲役となった。光州事件は、民主化運動として積極的に評価され、鎮圧者である全斗煥には悪名が被《かぶ》せられたのである。

以後、韓国では新任の大統領が、前任の大統領の旧悪を暴き、自己を正統化する流れが生まれる。

テロ国家
なぜ北朝鮮は、対韓テロをはじめたのか？

１９６０年代以降、金日成の北朝鮮はテロ国家の様相を強め、テロの目的自体が変質もしていく。北朝鮮の初期のテロは、朝鮮半島の統一を狙ったものだ。朝鮮戦争で失敗したとはいえ、金日成は半島統一の野望を諦めたわけではなかった。

韓国の政権トップをテロで倒してしまうなら、韓国内は騒然とし、無秩序化もする。韓国内の共産主義勢力が台頭すれば、これに呼応するかのように北朝鮮が動き、韓国を接収しようという意図があった。

金日成には、後悔があった。１９６０年の韓国・四月革命は、韓国接収の好機であった。李承晩政権が倒れたあと、韓国内ではデモが多発し、北朝鮮がつけ入る隙はいくらでもあったのだが、その隙を突きそこねた。朴正煕がクーデターによって政権につき、強権をふるうようになっては、もはや隙はなかった。

そこで、金日成は朴正煕そのものをテロで亡き者にしようとした。１９６８年に起きた青瓦台《チョンワデ》（せいがだい）襲撃未遂事件である。

金日成にとって、朴正煕は恐ろしい強敵であった。朴正煕の経済建設によって、先行していた北朝鮮経済は韓国経済に追い越され、彼は焦っていた。朴正熙という独裁者さえ倒せば、韓国はガタつく。そう考えた金日成はゲリラ兵を韓国内に侵入させ、ソウルの大統領官邸である青瓦台を襲撃、朴の命を奪おうとしたのである。ゲリラ兵のソウルへの接近は事前に通報され、韓国軍はゲリラの掃討に成功する。

つづいてターゲットになったのは、全斗煥である。1983年、全斗煥大統領一行はビルマ（ミャンマー）を訪問、ラングーンのアウン・サン廟《びょう》へと向かった。北朝鮮の諜報機関はアウン・サン廟に爆弾を仕掛け、爆発させた。全斗煥大統領は難を免れたものの、韓国の閣僚4名が犠牲となった。ビルマ当局は北朝鮮の工作員を逮捕、北朝鮮の犯罪であることが明らかになった。

その後、韓国経済はより力をつけ、韓国と北朝鮮の格差が完全に明らかになってくる。1988年のソウルでのオリンピック開催が決まると、北朝鮮は半島統一よりも、韓国の国際信用失墜、ソウル・オリンピックの中止を狙ったテロを実行する。それが、1987年の大韓航空機のビルマ沖での爆破事件だ。

北朝鮮は事故を装い、大韓航空の信用を失墜させようとしたが、日本人を装った北朝鮮の工作員が実行犯として逮捕されてしまった。ラングーン事件、大韓航空機爆破事件で、北朝鮮は国際的に孤立しはじめた。

北朝鮮がテロ国家に変質していくにあたって、同国が強化したのは諜報工作である。そのために、金正日の指揮下、1970年代後半、北朝鮮は少なからぬ外国人を拉致している。日本人拉致も進め、横田めぐみさん、蓮池薫《はすいけかおる》さんらが拉致の被害者となってきた。拉致した日本人から北朝鮮の工作員が日本語や日本の習俗を学び取れば、日本人に扮したスパイとなれる。大韓航空機爆破の犯人である金賢姫《キムヒョンヒ》もまた、拉致された日本人から日本語を習得していたのだ。

プエブロ号事件

なぜ北朝鮮は、アメリカを恐れないのか?

北朝鮮にとって最大の敵は、アメリカである。では韓国はというと、敵ではなく、いずれ接収する地域でしかない。その韓国接収を妨げているのが、韓国内に軍事基地をもつアメリカだ。北朝鮮は、アメリカへの敵意をむきだしにし、大国アメリカを恐れる様子もない。

その典型が、プエブロ号拿捕《だほ》事件である。ソウルの青瓦台襲撃未遂事件のあった1968年1月、アメリカの情報収集艦プエブロ号が北朝鮮沖を遊弋《ゆうよく》していたところ、北朝鮮はプエブロ号を侵略と見なして拿捕したのである。北朝鮮は、プエブロ号乗組員を国内に抑留、アメリカを責めた。これに対して、アメリカは公海中での出来事と反論したが、北朝鮮は退かない。

アメリカは北朝鮮に圧力をかけるため、空母エンタープライズを元山《ウオンサン》沖へと派遣、示威行動をとらせた。アメリカ空母は、のちの1996年に起きた台湾ミサイル危機で、台湾付近をただ遊弋するだけで、台湾を威嚇した中国を竦《すく》ませたほどの実力をもつ。だが、北朝鮮は威嚇に屈することがなかった。結局、アメリカは北朝鮮に謝罪、これによりプエブロ号の乗組員はようやく解放されている。プエブロ号の船体はいまも平壌にあり、対米勝利の宣伝材料となっている。

北朝鮮のアメリカへの強硬な態度は、翌1969年にもあった。日本海上空を偵察中の米海軍機・EC121を、領空侵犯を理由に撃墜してみせている。このときも、アメリカは何ら報復行動をとれなかった。

北朝鮮がアメリカを恐れず、強気に終始するのは、21世紀になっても変わらない。北朝鮮は弾道ミサイルの狙いをアメリカ本土と公言しているが、アメリカは2017年末の時点で何ら行動をとれない。

アメリカはこれまで世界各地で紛争に介入、高い軍事能力を示してきた。金日成も、朝鮮戦争でアメリカに屈辱を味わわされている。にもかかわらず、北朝鮮がアメリカに対して強気なのは、アメリカが本格的に北朝鮮に軍事介入できないだろうと踏んでいるからだ。

アメリカ軍が北朝鮮領土に手を出せば、北朝鮮と国境を接する中国とロシアが黙ってはいない。中国もロシアも、アメリカ軍と国境では接したくない。アメリカが北朝鮮で軍事行動を起こすなら、両国の本格的な敵対行動もありうるわけで、アメリカは、北朝鮮のために中国やロシアと戦争まではしたくない。その均衡を北朝鮮は知っているから、アメリカを平気で挑発できるのだ。

核ミサイル開発

なぜ金正日は、北朝鮮の核武装を追い求めはじめたか？

１９９０年代初頭、北朝鮮は核開発に本格的に着手しはじめる。北朝鮮は建国の早い段階から核兵器開発に興味をもち、１９８０年代の段階で核兵器施設の建設をはじめていた。

以後、北朝鮮とアメリカは核開発に関して暗闘を繰り広げる。中国やロシアもこれに絡んでくるが、北朝鮮の核開発がストップすることはなかった。21世紀になると、北朝鮮は弾道ミサイルの開発のスピードを速め、核弾頭装備の弾道ミサイルの本格的完成が近いのではないかとも推測されている。

北朝鮮の弾道核ミサイル開発は、北朝鮮が生き残りを賭けての決断と思われる。1990年前後、北朝鮮はじつに孤独な国家と化しつつあった。1980年代、共産主義陣営の経済破綻は目にみえて迫りはじめていた。中国では、復権した鄧小平《ドンシヤオピン》（とうしょうへい）が共産主義に見切りをつけて1980年代に改革開放路線を唱え、社会主義の皮を被った資本主義化がはじまっていた。

中国経済は上昇をはじめたが、それは同時に民主化運動を促し、1989年、北京での民主化運動は最高潮に達する。中国共産党政権は民衆の要求によって転覆か、あるいは内部分裂の危機にあり、鄧小平は軍による民衆の鎮圧を決断する。これが天安門事件だが、改革開放路線の恐ろしい面を北朝鮮はみてしまった。

一方、ソ連では1985年に書記長に就任したゴルバチョフがグラスノスチ（情報公開）とペレストロイカ（改革）路線を打ち出す。それはソ連を中心とする共産圏にはあまりの劇薬であり、東欧諸国では反共産革命が起き、共産政権が崩壊、1991年には肝心のソ連さえもが解体してしまった。北朝鮮は、ここでも体制崩解の恐怖をみた。

そんななか、北朝鮮は長く国を閉ざしたままであり、外部から自由主義の思想がはいってこない。おかげで、北朝鮮は1980年代末から90年代初頭の共産主義国家の崩解と一歩隔てたままでいられた。ただ、ロシア、中国が変質したとなると、もはや北朝鮮は両国とは一線を画した独立独歩の道をいくしかない。

国防面でいえば、ロシアの退潮は著しく、北朝鮮はロシアの核の傘を当てにできなくなりはじめた。さらに1991年の湾岸戦争で、ロシア製武器がアメリカ製の武器にまったく歯が立たないことが明らかになった。北朝鮮軍の主力であるソ連製武器は、ポンコツ同然と烙印《らくいん》を押されたようなものだ。

北朝鮮は、独自に核兵器を保有することこそが、生き残りにつながると判断しはじめたのだ。中国が世界の大国として振る舞えるのも、核兵器を保有しているからと、彼らは理解している。

北朝鮮の決断が正しいことを、ある意味で支えてしまっているのは、アメリカである。アメリカは、長く北朝鮮とはまともに交渉する気はなかった。だが、北朝鮮の核武装化が進みはじめると、アメリカは北朝鮮を無視できず、水面下では交渉相手とさえ見なしはじめている。

世界最強の大国の態度を変えさせたのだから、北朝鮮のステータスは上がったことになる。北朝鮮は、核開発という強い外交カードをもったのである。

じつのところ、北朝鮮の核開発カードに飛びついていたのは、中国である。中国は北朝鮮の核開発を中止に追い込むことをアメリカに対して口約束し、アメリカの信任を得た。北朝鮮の核開発が注目を浴びるたびに、北朝鮮を抑止できる立場にある中国の立場が評価され、国際評価を高めた。

中国にとって、北朝鮮の核開発カードは大きな価値があり、北朝鮮側もこれを読んでいる。だからこそ、北朝鮮が核開発を断念する必要はどこにもなく、北朝鮮は自らの国際的地位や発言力を高めるために、核開発を利用し、中国もこれにのっかってきたのだ。

ただ、北朝鮮の核開発はしだいに臨界点に迫りつつある。これまではアメリカは、中国の北朝鮮に対する影響力を大きく評価してきた。北朝鮮への軍事侵攻は、中国、ロシアとの対立を生みかねないと、自制してきたが、北朝鮮の核の存在は大きくなりすぎようとしている。

30年近くも使ってきた北朝鮮外交の手口が、いつまで通用するかわからない。かりにアメリカが北朝鮮を攻撃するなら、朝鮮半島はまたも流動化し、東アジアに混《こん》沌《とん》を生みかねない。

従軍慰安婦問題

なぜ韓国は、日本に何度も謝罪を求めるのか？

日本と韓国の間に横たわる大問題が、従軍慰安婦問題だ。韓国は世界各地に従軍慰安婦像を建てて、日本を犯罪国であると糾弾し、その勢いは止まりそうにない。従軍慰安婦問題については、2015年、日韓合意によって「最終的かつ不可逆的に解決する」と決まったが、韓国側はこの日韓合意を無効にしようとしている。

そもそも従軍慰安婦問題とは、第2次世界大戦中、日本軍が朝鮮半島の女性を慰安婦にしたことにはじまる。かつて戦場の兵営近くには、慰安婦、つまりは売春婦がつきものであった。選ばれた慰安婦を置くことによって、戦場周辺での民間人へのレイプを予防できたし、性病の蔓延《まんえん》を防止する意味もあった。日本軍はひところまで日本人慰安婦のみを頼ってきたが、戦線の拡大もあって、朝鮮半島にも慰安婦の提供を求めたのだ。

従軍慰安婦問題は、戦後の一時期までさほど問題化していなかった。問題の震源となったのは、旧日本軍人であった吉田清治の1970年代から1980年代にかけての証言である。彼は、戦時中、済州島《チェジュ》（さいしゅうとう）で女性の強制連行があったことを証言、これが韓国側に伝えられると、韓国側は怒り、日本政府は韓国側の怒りを鎮めるべく対応に追われることになった。ついには欧米でも、慰安婦は「性奴隷」と報道され、日本は非難されるようになった。

従軍慰安婦問題の震源である吉田証言については、近年、完全に虚偽であったことが明らかになっている。にもかかわらず、韓国が従軍慰安婦問題を延々ともち出すのは、すでに韓国の強力な外交カードになっているからだ。

日韓の過去に関わる問題が外交の俎上《そじょう》に上ったのは、1982年の教科書誤報事件からだ。当時、日本の歴史教科書が日本軍の華北侵攻について「侵略」と記述したところ、文部省が「進出」に書き改めさせたという報道がなされた。これはのちに根も葉もない虚報だと判明するが、そうなるまえに、情報は韓国や中国にもたらされた。韓国は歴史歪曲《わいきょく》であると日本を非難、鈴木善幸政権は反省を余儀なくされ、以後、韓国、中国の歴史見解についての批判をある程度受け入れる取り決めまでができてしまった。

教科書誤報事件の背景には日本の政治闘争があり、外国勢力を使って日本の右派を叩くという目論見があったとされる。その真偽はともかく、教科書誤報事件は、韓国が初めて日本を屈伏させた外交といっていい。以後、韓国は歴史問題を俎上《そじょう》に日本に外交で勝利することを目指しはじめた。

それが1993年の河野談話、1995年の村山談話につながる。河野談話では、従軍慰安婦の強制性を認めた形になり、村山談話では従軍慰安婦への心から反省とお詫びがなされた。だが、これですべてが決着したわけではなく、韓国はことあるごとに従軍慰安婦問題をもち出し、日本の反省を引き出そうとしてきた。

これまで朝鮮半島は、長く攻められっぱなしであった。西の大国、北の強国、東の海国の侵攻に脆く、戦争・外交の勝利経験は数えるほどにしかない。そんななか、従軍慰安婦問題は、かならず勝てるカードに育ったのである。韓国は外交で中国、ロシア、アメリカには勝てないが、日本には勝てるようになったのだ。韓国が日本を抑えつけようとするかぎり、従軍慰安婦問題は叫ばれつづけるのだ。

近年、日本が従軍慰安婦問題に距離を置こうとしはじめると、韓国は欧米に従軍慰安婦像を建て、欧米を日本非難に巻き込もうとしている。韓国は、日本が欧米の圧力に弱いことを知っているのだ。

また、従軍慰安婦問題に限らず、反日は韓国の政権にとって大衆支持を得るためのシンボルになってしまっている。政権が末期症状を迎えると、反日がことさらに強調され、日本国内では嫌韓の風潮が生まれもしている。

韓国の左傾

なぜ北朝鮮主導による統一がありうるのか?

現在、韓国と北朝鮮には経済力の大きな格差がある。２０１５年、韓国の一人あたりのＧＤＰは3万ドルを突破した一方、北朝鮮は２０００ドル前後で長く低迷している。たしかに、韓国は１９９０年代末のアジア通貨危機に影響を受け、ＩＭＦ（国際通貨基金）の管理下に置かれたこともあった。ＩＭＦの管理下、韓国企業では合理化、グローバル化が達成され、サムスンのような世界企業までが現れている。

一方、北朝鮮は建国以来、何度も経済建設運動を展開してきた。金日成は１９５０年代末から「千里馬運動《チョルリマ》」によって生産性の向上に取り組み、後継者となった金正日は１９７０年代に「百日戦闘」「速度戦」といったスローガンのもとに労働強化を図ってきた。だが、共産主義経済を維持する限り、経済は停滞したままであり、１９９０年代には「苦難の行軍《コナネヘングン》」といわれる食糧難の時代も経験する。

南北の経済力を考えるなら、韓国がいつか北朝鮮を経済統合し、朝鮮半島を統一してもおかしくないが、21世紀になって、状況は変わりつつある。韓国では左派政権が誕生、北朝鮮に親近の情をもつ従北派といわれる勢力が増大しているからだ。

韓国の左派政権は、2003年に大統領に就任した盧武鉉《ノムヒョン》にはじまる。2017年に誕生した文在寅《ムンジェイン》政権もまた、左派の支持を得てのものだ。世界的に左派が退潮するなかにあって、韓国のみ左派が勢力を拡大し、政権に就いている。

長く反共の砦《とりで》を自任してきた韓国は、じつは共産主義思想そのものを知らなかった。共産主義にうぶだった彼らは、民主化後、それを知ると染まりやすかったのだ。左派勢力にとって、数少なくなった共産主義国家である北朝鮮は、一定の尊敬を払う価値ある国家にさえなっている。北朝鮮は、韓国の左傾化の隙をつきやすい状況を得ているのだ。

韓国の一定層が、北朝鮮に敬意を払うのは、北朝鮮こそ朝鮮半島の正統国家と考える傾向にあるからだ。朝鮮半島には、長く朱子学が根付いていた。正統性を重んじる朱子学の影響の残る朝鮮半島では、国家の正統性が強く問われる。

韓国の場合、現実をみるなら、アメリカ軍の管理下、1948年に誕生した国家である。現在、韓国の一部の層は、1919年の上海臨時政府にルーツを置こうしているが、それだけでは正統性を十分に主張できない。

加えて、近年の韓国外交が韓国人を失望させていることも大きい。韓国の外交は、対日以外では、勝利を得られず、逆に追い詰められた格好になっている。2003

年に大統領となった盧武鉉大統領は、日本、アメリカ、中国、ロシアという4大国の橋渡し役を狙ったが、失敗に終わっている。

朴槿恵《パククネ》大統領が狙ったのは、大国と化した中国への接近である。彼女は中国とアメリカの双方と友好を保つ二股外交を構想したものの、アメリカ、中国双方に受け入れられるものではなかった。

いまの韓国は、アメリカからも中国からも旗幟《きし》を鮮明にするよう強く求められている。韓国に独自の外交を展開する力がないことは明らかになり、かつての高麗や李氏朝鮮と同じく、大国の間で右往左往する地政学的な宿命に翻弄《ほんろう》されている。

一方、北朝鮮はどうか。その真偽はともかく、建国者・金日成は日本軍相手に戦ってきたパルチザンと讃えられている。上海臨時政府は日本相手に勝てなかったが、金日成は普保堡《ポチョンボ》（ふてんほ）の戦いで勝ったという伝説をもつ。

いまの3代目である金正恩《ジョンウン》は、英雄の血をひく指導者であり、金一族の北朝鮮こそ、正統にみえるのだ。

また、金一族の外交は大国に屈しない。独力で核弾道ミサイルを開発し、世界最強国・アメリカの威嚇にあっても、怯《ひる》むことなく、対等外交を展開しようとする。中国、ロシアも、北朝鮮に対して強大な圧力をかけることはできない。それは、アメリカと中国の前に屈しつづける韓国の姿とは大違いであり、どちらに正統性があるかは明らかとなる。

現在、韓国の左傾化には歯止めがかかりにくい状況がつづいている。韓国の左傾化を唯一、押しとどめているのは、在韓アメリカ軍である。在韓米軍はもともと北朝鮮の軍事的脅威から韓国を守るためのものだったが、いまや韓国を監視しながら、韓国をアメリカ・日本陣営にとどめておく最後の防波堤となっている。

その在韓米軍が、永遠にある保証はない。左傾化が進めば進むほど、韓国内では、韓国の選択の自由を奪う軛《くびき》となっている在韓米軍への反発は強まるだろう。

一方、アメリカは中国への接近をやめようとはしない二股の韓国に、冷やかな視線を向けるようになっている。たしかに、アメリカにとって韓国は朝鮮戦争で多大な犠牲を払って守った土地である。簡単には撤退したくないが、内向きになりはじめたアメリカが、いつまで韓国に執着するかは疑問である。

加えて、アメリカは、日韓関係の不和を調停するのに辟易《へきえき》しはじめている。もはや、日米と協調した全斗煥《チヨンドフアン》時代のような韓国に戻れないとみるなら、アメリカは韓国を去るだろう。

在韓米軍が去ってしまえば、韓国は中国からの従属圧力にさらされる。と同時に、北朝鮮賛美派は拡大、北朝鮮主導のもと、韓国が接収される可能性はゼロではないのだ。

北朝鮮の核開発が継続したまま、万が一、韓国が北朝鮮と統合するような事態が起きれば、韓国人も核兵器を保有したことになる。韓国は日本を公然と威嚇できる立場となり、日本と朝鮮半島との緊張は、異次元の段階へと進むことになる。

●左記の文献等を参考にさせていただきました——

『世界歴史体系　朝鮮史1-先史～朝鮮王朝』李成市・宮嶋博史・糟谷憲一／『世界歴史体系　朝鮮史2-近現代史』李成市・宮嶋博史・糟谷憲一／『新版　世界各国史2　朝鮮史』武田幸男編／『モンゴル帝国の覇権と朝鮮半島』森平雅彦／『世界史図録ヒストリカ』谷澤伸・甚目孝三・柴田博・高橋和久（以上、いずれも山川出版社）／『朝鮮の歴史　新版』朝鮮史研究会編（三省堂）／『韓国の歴史　増補改訂版』水野俊平著・李景珉監修（河出書房新社）／『日朝関係史』関周一編（吉川弘文館）／『朝鮮の政治社会』グレゴリー・ヘンダーソン（サイマル出版会）／『世界の歴史6　隋唐帝国と古代朝鮮』砺波護・武田幸男／『世界の歴史12　明清と李朝の社会』岸本美緒・宮嶋博史／『戦後日韓関係史』李庭植（以上、いずれも中央公論社）／『東アジア世界の歴史』堀敏一／『金日成調書』黄民基編（光文社）／『北朝鮮　その衝撃の実像』朝鮮日報『月刊朝鮮』編／『悪の三国志』茅沢勤（以上、いずれも講談社）／『金日成　その衝撃の実像』東亜日報・韓国日報編（講談社）／『朝鮮開国と日清戦争』渡辺惣樹（草思社）／『韓国歴史地図』韓国教員大学歴史教育科（平凡社）／『朝鮮史年表』鄭晋和編（雄山閣）／『カラー判世界史図説』（東京書籍）／『中国国共内戦と朝鮮人部隊の活躍』吉在俊・李尚典（同時代社）

KAWADE
夢文庫

日本人のための
朝鮮半島の歴史

二〇一八年二月一日　初版発行

著　者……………国際時事アナリスツ［編］
企画・編集………夢の設計社
東京都新宿区山吹町二六一 〒162-0801
☎〇三―三二六七―七八五一（編集）

発行者……………小野寺優
発行所……………河出書房新社
東京都渋谷区千駄ヶ谷二―三二―二 〒151-0051
☎〇三―三四〇四―一二〇一（営業）
http://www.kawade.co.jp/

装　幀……………こやまたかこ
印刷・製本………中央精版印刷株式会社
DTP………………イールプランニング
Printed in Japan ISBN978-4-309-49984-0

………あなただけの"夢の時間"を創りだす………

KAWADE 夢文庫シリーズ

家系図で読み解く 日本を動かす名門一族
歴史の謎を探る会[編]
歴代総理を輩出した「岸家・佐藤家」、知の牙城を築くあの文豪家系…華麗なる"血のつながり"が見えてくる!
[K1067]

にっぽん全国 犬猿バトル地図
謎解きゼミナール[編]
「この地域の覇者は断然わが市」「日本一の称号は、あの県には譲らない」…意地がぶつかる対決の行方は?!
[K1068]

プレミアム雑学王
博学こだわり倶楽部[編]
「々」一字でなんと読む?魚肉ソーセージの包装がオレンジ色なのは?…話したくなる究極のトリビアが満載。
[K1069]

昆虫 信じられない能力に驚く本
ライフ・サイエンス研究班[編]
乾燥状態で永遠に生きる、別の昆虫のフリをする、貞操帯をはかせる…昆虫が獲得した驚異の能力に驚く!
[K1070]

暮らしの中の表示 知らないと困る最新知識
博学こだわり倶楽部[編]
街中や家で見かける表示や記号には生活に必須の情報が隠れているもの。知るほどに賢い消費者になれる本!
[K1071]

飛行機はなぜ、空中衝突しないのか?
秋本俊二
機長と航空管制官の力関係は?一人が25機同時に指示することもある?!…空の上の知られざる緊張ドラマ!
[K1072]

………あなただけの"夢の時間"を創りだす………

KAWADE 夢文庫シリーズ

大阪の秘密
博学こだわり倶楽部［編］

定番ルールから大阪弁のナゾ、食、名所まで…おもろくて人情あつい街の真の姿をディープに大解剖する！

［K1073］

東急電鉄 スゴすぎ謎学
小佐野カゲトシ

混雑を緩和する秘策、銀色に輝くステンレス製の車両の目的…"都会派"私鉄の、オドロキの真実を大公開！

［K1074］

似ているようで、こんなに違う 日本の仏教宗派
歴史の謎を探る会［編］

宗祖・本山・本尊・教え・僧侶・芸術…比べてみれば宗派の特色がわかる。わが家の仏教もぐっと身近に！

［K1075］

もうすぐ変わる 日本史の教科書
河合　敦

邪馬台国は畿内説で決着！薩長同盟は名ばかりの関係！…教科書の記述は、新説・新発見でどう変わるのか。

［K1076］

選りすぐり18コース TOKYO坂道散歩なび
坂の街研究会［編］

歴史を読む！地形を読む！景観に魅せられる！…坂と街のヒミツを楽しみつくす本。山田五郎氏も推薦！

［K1077］

ミスショットしなくなる ゴルフ正しいのはどっち？
ライフ・エキスパート［編］

アドレスの重心はつま先寄りか、かかと寄りか…信じていいアドバイスは？迷いが消えスコアUPする本！

［K1078］